भविष्य मालिका पुराण

कल्कि अवतार और धर्म संस्थापना

पंडित श्री काशीनाथ मिश्र जी

ISBN 979-8-89777-311-4

जय जगन्नाथ

विश्व के अनगिनत सनातन धर्मी, साधु, संत, भक्त और विश्व के सभी साधारण मानवों को मैं पंडित काशीनाथ मिश्र साधुवाद ज्ञापन करता हूं।

भगवान जगन्नाथ जी की कृपा से उड़ीसा में जन्मे पंच सखा; महापुरुष अच्युतानंद दास, महापुरुष बलराम दास, महापुरुष जसोवंत दास, महापुरुष शिशु अनंत दास और महापुरुष जगन्नाथ दास को छोड़कर उड़ीसा के अन्य संत महापुरुष ठाकुर अभिराम परमहंस, छतिया बट के महंत महापुरुष हडिदास महाराज, अवधूत धर्म के संत श्री भीमभोई, भगवान श्री जगन्नाथ जी के मुस्लिम भक्त सालबेग, अर्त दास जैसे और भी अनेक महापुरुषों ने भविष्य के बारे में रचनाएं की हैं।

सभी विचारधाराओं में सबसे मुख्य पंच सखा हैं, जो नित्य बैकुंठ वासी भगवान के अंग से अंश अवतार थे।

बैकुंठ के नित्य पंच सखा, भगवान निराकार के निर्देश पर उड़ीसा की पवित्र धरती पर जन्म हुए थे।

पंच सखाओं ने स्वयं प्रमाण दिए हैं, यह एक सनातन धर्म का पवित्र तत्व है, जिस तत्व को हम मानव सभ्यता के कल्याण के लिए रचना कर रहे हैं। यह सभी रचनाएं हमें निराकार भगवान से प्राप्त हुई हैं।

पंच सखाओं द्वारा रचित मालिका शास्त्र सनातन धर्म का सबसे पवित्र और आखिरी शास्त्र है। इस शास्त्र की रचना कलियुग में उड़ीसा की धरती पर उड़िया भाषा में हुई।

नित्य पंच सखाओं ने आज से करीब 600 वर्ष पहले इन सभी ग्रंथों की रचना की थी लेकिन यह सभी ग्रंथ उड़िया भाषा में रचित होने के कारण भारत और विश्व में प्रचार नहीं हो पाये थे।

भगवान जगन्नाथ जी की असीम कृपा और 40 वर्षों से मालिका शास्त्र तथा अन्य सनातन शास्त्रों के अध्ययन के अनुभव से इस अधम दास ने विश्व के कल्याण और विनाशमुखी मानव सभ्यता के उद्धार के लिए सर्वप्रथम 2022 में मालिका शास्त्र का हिंदी, अंग्रेजी, रशियन, जर्मन, जापानी, फ्रेंच, बांग्ला, पंजाबी, गुजराती, तमिल, मराठी आदि विश्व और भारत की सभी प्रमुख क्षेत्रीय भाषाओं में अनुवाद करके लोकार्पण किया था।

अब पुनः मालिका शास्त्र के सार तत्व पर आधारित द्वितीय खंड पवित्र पुस्तक को को समग्र विश्व के सभी सनातनी, साधु-संत, भक्त और सज्जन मानवों के लिए समर्पित करता हूं। और आशा करता हूं कि इस पवित्र सनातनी शास्त्र के माध्यम से मानव सभ्यता का अशेष कल्याण होगा।

विषय सूची

कलियुग का अंत, कल्कि अवतार, धर्म संस्थापना और भक्तों का उद्धार, "भविष्य मालिका" शास्त्र क्यों?

इस पुस्तक को पढ़ने वाले सभी आदरणीय भक्तों को बताना चाहता हूं, मैंने सनातन धर्म के अष्टादश पुराण, सभी शास्त्र, वेद, उपवेद, इतिहास और संतों की वाणी को अनुध्यान किया।

लेकिन विभिन्न शास्त्रों में कल्कि अवतार और धर्म संस्थापना के बारे में थोड़े कम प्रमाण मिलते हैं। परन्तु भविष्य मालिका शास्त्र में कलियुग अंत, भगवान कल्कि का अवतार, धर्म संस्थापना, भक्तों का उद्धार, सत्ययुग का निर्माण, आने वाली आपदा से रक्षा का सूत्र, भक्त भगवान का मिलन, राम राज्य का निर्माण और संपूर्ण सत्ययुग के निर्माण तक की रचना है। हमने देखा किसी भी शास्त्र में भगवान कल्कि की लीला के बारे में संपूर्ण वर्णन नहीं है। मानव सभ्यता और भक्त लोगों के

कल्याण के लिए नित्य पंच सखाओं ने सबसे बड़ा अनुभव का प्रमाण जगन्नाथ क्षेत्र को रखे हैं। उन्होंने सारे विश्व के भक्तों को दृढ़ निश्चय भाषा से चेतावनी के साथ बताया, जब 5000 वर्ष के बाद कलियुग का अंत होगा तब भविष्य मालिका शास्त्र का पूरे विश्व में प्रचार होगा। लेकिन कई धर्मीय परंपरा के लोग इस शास्त्र को नहीं मानेंगे। इसी कारण नित्य पंच सखाओं ने जगन्नाथ क्षेत्र को प्रमाणिक तत्व से लेकर युग अंत और कल्कि अवतार का सबसे बड़ा प्रमाण रखे हैं।

पंच सखाओं ने स्पष्ट रूप से सभी भक्तों को दिशा दिखाने, आद्य सत्ययुग का निर्माण, पूर्ण सत्ययुग की प्रतिष्ठा तथा भक्तों के उद्धार के लिए बताया, जब जगन्नाथ धाम पुरी से निम्नलिखित संकेत मिलेंगे तब कलियुग का अंत, भगवान कल्कि का अवतार और धर्म संस्थापना का समय आ जाएगा।

जगन्नाथ धाम पुरी से कलियुग अंत के संकेतः-

1- अरुण स्तंभ पर गिद्ध पक्षी बैठेगा।

2- नील चक्र पर गिद्ध पक्षी बैठेगा।

3- जब जगन्नाथ मंदिर से चूना निकाला जाएगा।

4- जब जगन्नाथ जी के मुख्य मंदिर से बार-बार पत्थर गिरेगा।

5- जब मंदिर से गिरने वाले पत्थर पर उल्लू पक्षी बैठेगा।

6- जब जगन्नाथ मंदिर की ध्वजा बार-बार गिरेगी।

7- जब नील चक्र थोड़ा सा टेढ़ा हो जाएगा।

8- जब पतित पावन बाना (जगन्नाथ मंदिर की पवित्र ध्वजा) पर वज्राघात होगा और पतित पावन बाना अग्नि में जलेगी।

9- जब जगन्नाथ मंदिर के रत्न सिंहासन पर अग्नि संयोजित होगी।

10- जब अर्धरात्रि में जगन्नाथ मंदिर में चोरी होगी।

11- जब रत्न सिंहासन पर खून की बूंदे गिरेंगी।

12- जब कल्प वृक्ष की डालियां टूटेंगी।

13- जब मंदिर परिसर के अंदर भक्तों की मृत्यु होगी।

14- कभी कभी जगन्नाथ महाप्रभु प्रसाद के समय हथेली में दृश्यमान नहीं होंगे।

15- महाप्रसाद के समय जगन्नाथ जी के हथेली में दर्शन न होने के कारण महाप्रसाद मिट्टी में दफन करना पड़ेगा।

यह सभी संकेत जगन्नाथ मंदिर से मिल चुके हैं। इस समय और भी कई अपशकुन के संकेत जगन्नाथ मंदिर से मिल रहे हैं, जैसे अपशकुन पक्षि (चील) बार-बार मंदिर के ऊपर परिक्रमा करते हैं। सबसे बड़ा अपशकुन का संकेत यही है कि रथ यात्रा के समय भगवान जगन्नाथ और भगवान बलभद्र रथ से गिर चुके हैं। शास्त्र के अनुसार जिस समय जगन्नाथ महाप्रभु, बलभद्र महाप्रभु और माता सुभद्रा रथ से गिर जाएंगे उसी समय

युग परिवर्तन जैसी परिस्थिति आएगी। जिसमें रोग-महामारी, अनाहार, विश्व युद्ध और पंचभूत प्रलय होगा। यहां जितने भी अपशकुन के प्रमाण हमने रखे हैं, वह सब प्रमाणित हो चुके हैं। नित्य पंच सखाओं ने बताया, जिस समय यह सारे संकेत श्री जगन्नाथ धाम पुरी में देखे जाएंगे उसी समय कलियुग का अंत, भगवान

कल्कि का धरा अवतरण, धर्म संस्थापना, भक्तों का उद्धार और सत्ययुग का निर्माण होगा।

इसके आधारित तत्व की विचारधारा में सभी सज्जनों को हम बताना चाहते हैं, वर्तमान समय में भविष्य मालिका शास्त्र के अनुसार कलियुग का अंत, कल्कि अवतार और धर्म संस्थापना का कार्य चल रहा है। इसके सारे प्रमाण भविष्य मालिका शास्त्र में मौजूद हैं।

नील चक्र पर गिद्ध पक्षी का बैठना

पतित पावन बाना में आग लगना

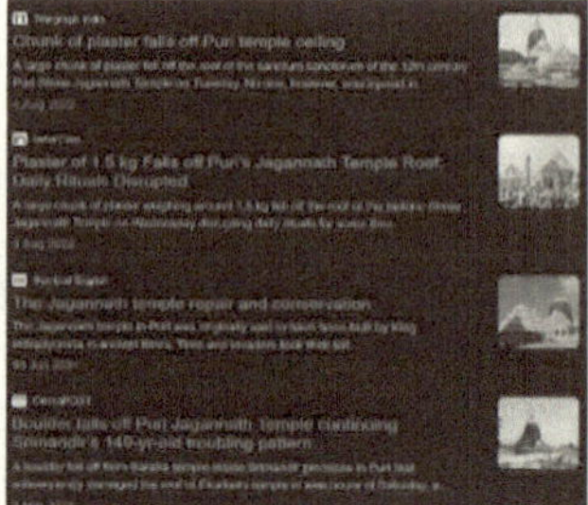

जगन्नाथ मंदिर से चूना निकलना

जगन्नाथ मंदिर की ध्वजा गिरना

कल्पवृक्ष की डालियाँ टूटेगी

जगन्नाथ मंदिर से बार-बार पत्थर गिरना

गिद्ध पक्षी का परिक्रमा करना

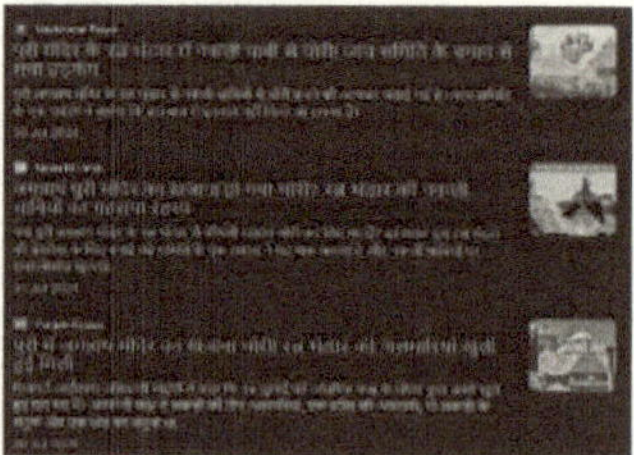

रत्न भंडार में चोरी होना

शुभ स्तम्भ में दरार आना

भगवान चैतन्य महाप्रभु (भगवान श्री जगन्नाथ जी) के निर्देश पर मालिका शास्त्र की रचना

भगवान के नित्य पंच सखाओं में अन्यतम महापुरुष अच्युतानंद दास ने अपने ग्रंथ **"कलि कल्प गीता"** में महापुरुष अच्युतानंद दास, भगवान चैतन्य महाप्रभु जी के निर्देश पर कल्कि लीला और भविष्य मालिका शास्त्र की रचना किए हैं, इसके बारे में प्रमाण रखे हैं।

चैतन्य प्रभु जगत ठाकुर।

जनम होइले नदिया नबर।

आंभे पांच जण संगते थिलु।

गहड़े कटि देश भ्रमिलु।

आज्ञा देले प्रभु सचि रमण।

गुपत कथा करहो बखाण।

बार सहस्त्र भक्त होइबे जन्म।

ताहांकु हेतु देब पांच जण।

इसका अर्थ यहां महापुरुष अच्युतानंद दास जी बता रहे हैं, भगवान चैतन्य महाप्रभु, नित्य पंच सखाओं को बुलाकर निर्देश दिए तुम पांचों नित्य पंच सखा, कल्कि लीला, आने वाले भविष्य में भक्त और भगवान की गुप्त लीला और धर्म संस्थापना की लीला के बारे में भविष्य शास्त्र की रचना करो।

भगवान चैतन्य महाप्रभु बोले तुम पांचों नित्य पंच सखाओं को मैं जिम्मेदारी देता हूं तुम्हारे माध्यम से पहले 12000 भक्त उद्धार होंगे। वही 12000 भक्त कलियुग के अंत में जन्म होंगे और उन्हीं 12000 भक्तों के लिए भविष्य ग्रंथ का प्रचार होगा।

फिर महापुरुष अच्युतानंद दास लिखते हैं:-

भक्त जन्मि थिबे देशे बिदेशे।
प्रभु जन्मि थिबे अमर बासे।
गोल करिबे गोलकुंडा राजा।

यहां महापुरुष अच्युतानंद दास बता रहे हैं, भक्त लोग सिर्फ उड़ीसा ही नहीं, देश-विदेश में भी जन्म होंगे और उनके उद्धार के लिए इस ग्रंथ की रचना बहुत जरूरी है।

भगवान श्री चैतन्य महाप्रभु जी के निर्देश पर नित्य पंच सखाओं ने भविष्य मालिका ग्रंथों की रचना किए हैं।

फिर महापुरुष अच्युतानंद दास ने भविष्य मालिका में लिखे हैं:-

बारण बेड़कु बार सहस्त्र भक्त
प्रच्छन्न तिनि सहस्त्र।

तिनि सहस्त्ररु दुइसौ छप्पन हेतु

दिया पान्च सात।

इसका अर्थ जब कलियुग का अंत होगा, भविष्य मालिका का प्रचार होगा, भगवान कल्कि अवतार होंगे, धर्म संस्थापना होगी, उसी अंतिम समय में 12000 भक्त भविष्य मालिका का प्रचार करेंगे। 3000 भक्त भगवान कल्कि के अति करीब भक्त बनेंगे।

256 भक्त मालिका का प्रचार करेंगे।

64 भक्त कोठ दल और 5 पंच सखा नित्य बैकुंठ वासी होंगे।

इसके विषय में महापुरुष लिखे हैं:-

चौसठि भक्त कोठ दड़ ख्यात

पंच सखा नित्य बासी।

अर्थात 64 भक्त कोठ दल और पंच सखा नित्य बैकुंठ वासी हैं।

इसमें पांचों पांडव भी आयेंगे।

इसके बारे में निम्नलिखित प्रमाण रखे हैं:-

पांण्डबन्क संख्या मिसा मिसी हेब मने रखिथिबु घोषि।

आदि अनादिरु ब्रह्मादि सहिते बिष्णु पंच सखा मिसि।

पच्चीसे बेड़िण पान्च जण मिसि बांधिबेति हुसि केसि।

अर्थात धर्म संस्थापना के कार्य में भगवान कल्कि के साथ पांचों पांडव भी रहेंगे, सभी देवता भी रहेंगे, भगवान विष्णु के नित्य पंच सखा भी रहेंगे। यह सब मिलकर भगवान कल्कि को भक्ति और समर्पण से संतुष्ट करेंगे और फिर संसार से उद्धार होंगे।

अध्याय - 2

संभल महात्म्य

पौराणिक और शास्त्रीय परंपरा के प्रामाणिक तत्व के अनुसार भगवान कल्कि, संभल ग्राम या संभल नगर अथवा संभल क्षेत्र पर जन्म होंगे। पर भारत और विश्व में कई परंपराओं की विचारधारा में भगवान कल्कि इस समय जन्म नहीं होंगे, क्योंकि अभी कलियुग का प्रथम चरण चल रहा है। शास्त्रों के अनुसार कलियुग को चार चरणों में बांटा गया है। एक चरण को 1 लाख 8000 वर्ष माना गया है। लेकिन इस समय कलियुग को 5128 वर्ष चल रहा है, इसका अर्थ अभी कलियुग का प्रथम चरण भी अंत नहीं हुआ है। युग गणना के इस तत्व को सभी सनातनी सभ्यता सहमति से स्वीकार करती है।

मेरा प्रश्न यह है कि जब भगवान आते हैं या आने से पहले भगवान के क्षेत्र का निर्माण होता है। आज भारत में उत्तर प्रदेश के मुरादाबाद के संभल में कल्कि मंदिर का निर्माण क्यों हो रहा है? और संभल क्षेत्र एक भव्य कल्कि धाम के रूप में क्यों उभर रहा है?

इस महत्वपूर्ण प्रश्न का उत्तर यही है, सारे संसार में भगवान कल्कि के प्रकट होने का समय बहुत करीब है। और साथ ही साथ जैसे संपूर्ण विश्व में भगवान श्री राम, भगवान श्रीकृष्ण, भगवान श्री जगन्नाथ जी के मंदिर

कोने-कोने में मौजूद हैं, ऐसे ही भगवान श्री कल्कि जी के मंदिर भी भारत और विश्व के कोने-कोने में आने वाले समय में निर्माण होते जाएंगे, क्योंकि अब भगवान कल्कि के आविर्भाव का समय करीब आ चुका है। विश्व का सबसे बड़ा, सबसे पहला और पवित्र कल्कि धाम जो मुरादाबाद के संभल पर बन रहा है, हम इसको बहुत सम्मान और स्वागत के साथ नमन करते हैं। उसी स्थान पर भविष्य में भगवान कल्कि की लीला प्रकाश होगी। भगवान कल्कि एक संभल में जन्म होंगे (उड़ीसा के बिरजा क्षेत्र) और मुरादाबाद के संभल पर भगवान कल्कि की लीला भक्तों के लिए प्रकाश होगी। यह समग्र विश्व की मानव सभ्यता के लिए सबसे बड़ा तत्व है। भगवान महाविष्णु कल्कि की लीला, धर्म संस्थापना के बारे में भविष्य मालिका शास्त्र में संपूर्ण प्रमाण मिलता है।

मुरादाबाद के संभल पर जैसे भव्य कल्कि क्षेत्र का निर्माण हो रहा है, ये सारे विश्व के सनातनी भक्तों के लिए एक युगांतकारी पवित्र संकेत है। और मेरी विचारधारा में मुरादाबाद का संभल एक दिन भगवान कल्कि की लीला भूमि बनेगा। और करोड़ों-करोड़ भक्त, और सारे ब्रह्मांड के भक्तों का उद्धार होगा।

अध्याय - 3

विभिन्न सनातन शास्त्रों में कलियुग अंत के प्रमाण

कुर्म पुराणः-
(अध्याय-27)

इदं कलियुग घोर सम्प्राप्तं पाण्डुनन्दन।
ततो गच्छामि देवस्य वाराणासी महापुरीम्।।

अस्मिन् कलियुगे घोरे लोकाः पापानुवर्तिनः।
भविष्यन्ति महापापा वर्णाश्रमविवर्जिताः।।

नानयत् पश्यामि जन्तूनां मुक्त्वा वाराणासी पुरीम्।
सर्वपापप्रशमनं प्रायश्चित्तं कलौ युगे।।

यहां भगवान वेद व्यास, पांडु नंदन महाराज युधिष्ठिर को बताते हैं, अभी घोर कलियुग चल रहा है, और इस समय घोर कलियुग का प्रभाव बढ़ रहा है। इस समय सभी मनुष्य वर्ण आश्रम धर्म छोड़ दिए हैं। वर्ण आश्रम के सारे

नियम संसार में लुप्त हो चुके हैं। इस समय वाराणसी के सिवा कोई पवित्र स्थान नहीं जहां कलियुग के पाप से मनुष्य को मुक्ति मिलेगी। यहां हम विचार करते हैं, भगवान श्रीकृष्ण के देहांत के बाद धरती पर कलियुग का प्रवेश हुआ था, और उसके कुछ वर्ष बीत जाने के बाद धरती पर घोर कलि का प्रकाश हुआ था। उसी घोर कलि के समय राजा युधिष्ठिर, भगवान वेद व्यास जी को दर्शन करते हैं। तब भगवान वेद व्यास जी घोर कलि को प्रमाणित करते हैं। यहां हम विचार करते हैं, क्योंकि कलियुग की आयु 4 लाख 32 हजार वर्ष है, और चार चरण में कलियुग की समाप्ति होगी। प्रत्येक चरण 1 लाख 8 हजार वर्ष है।

इस समय कलियुग का प्रथम चरण चल रहा है। इसी कलियुग में भगवान वेद व्यास, राजा युधिष्ठिर के साथ कलियुग के बारे में विचार किए थे। जहां स्वयं भगवान वेद व्यास ने बताया था घोर कलियुग चल रहा है। घोर का अर्थ कलियुग की यौवन अवस्था। भगवान श्रीकृष्ण के देहांत के बाद बहुत कम समय में कलियुग की यौवन अवस्था आ गई थी।

यहां भगवान वेद व्यास स्पष्ट कर रहे हैं, मात्र 1200 वर्ष के अंदर कलियुग ने यौवन अवस्था को प्राप्त कर लिया था, जिसको घोर कलिकाल कहा जाता है। द्वापर युग में भगवान श्रीकृष्ण के देहांत के बाद ऐसी स्थिति आ गई थी।

श्रीमद् भागवत महापुराणः-

भागवत माहात्म्य प्रथम अध्याय- देवर्षि नारद की भक्ति माता से भेंटः-

जब भगवान नारद महामुनि, कलियुग के 1200 वर्ष बीत जाने के बाद शांति की तलाश में पृथ्वी पर आए, तब उन्होंने देखा उस समय कलियुग के अंधकार से सारी पृथ्वी कवलित हो चुकी है। सत्य, शांति, दया, क्षमा और पवित्रता नष्ट हो गई है। संत पाखंडी हो गए हैं। समाज में हर तरफ अराजकता ही अराजकता है। ब्राह्मणों ने अपने कर्म छोड़ दिए हैं। पूरे संसार में घोर कलि के प्रभाव से सारे सनातनी तीर्थ स्थल विधर्मियों के कब्जे में हैं। कहीं भी भागवत पाठ अथवा भगवत चर्चा नहीं हो पा रही है। सभी लोग उपद्रव ग्रस्त हो गए हैं। सभी लोग कामना वासना में डूब गए हैं। ब्राह्मण लोग अपना पेट पालन के लिए वेद विक्रय कर रहे हैं। संसार में वेदों का ज्ञान लुप्त हो गया है। संसार में सदाचार लुप्त हो गया है। दुनिया को दिशा दिखाने वाले ब्राह्मण लोग अपनी पत्नियों के साथ कामना वासना में डूबे हैं। सभी लोग मिथ्यावादी बन गए। भक्ति माता के पुत्र ज्ञान तथा वैराग्य मृत्युवत अवस्था में हैं। तब भक्ति माता, देवर्षि नारद जी को बोलीं, हे भगवन मुझे और मेरे दोनों पुत्रों को पुनर्शक्ति प्राप्त करने का मार्ग बताइए।

तब भगवान देवर्षि नारद, भक्ति माता को बताते हैं, अभी दारुण कलियुग (अर्थात घोर कलियुग) चल रहा है। इसी कारण आपके पुत्रों की यह दशा है।

यहां विचार का विषय यह है, कलियुग में 1200 वर्ष बीत जाने के बाद घोर कलि का समय आ गया था। यह तत्व बहुत ही गुरूत्वपूर्ण है। जिसका प्रमाण श्रीमद् भागवत महापुराण, प्रथम अध्याय में मिलता है। यदि 1200 वर्ष में ही कलियुग यौवन अवस्था में था, तब कलियुग की वृद्ध अवस्था 5000 वर्ष होती है। इस विषय में मालिका शास्त्र में अनेकों प्रमाण मिलते हैं।

श्रीमद् भागवत महापुराण में लिखा है:-

यदा देवर्षयः सप्त मघासु विचरन्ति हि ।
तदा प्रवृत्तस्तु कलिर्द्वादशशाब्दशतात्मकः ।।
(12.2.31)

उपरोक्त श्लोक का अर्थ जिस समय सप्त ऋषि, मघा नक्षत्र पर विचरण कर रहे थे, उसी समय कलियुग को 1200 साल की आयु पूर्ण हो गई थी। उसी समय भगवान श्रीकृष्ण परम धाम को गमन किए थे। उसके कुछ दिन के बाद मात्र 1200 वर्ष के छोटे समय में कलियुग यौवन अवस्था को प्राप्त हो गया। जिसको यहां स्वयं भगवान वेद व्यास जी प्रमाणित कर

रहे हैं। अगर 1200 वर्ष में ही कलियुग को यौवन अवस्था आ गई तब वृद्धत्व का समय कलियुग के लिए करीब 2400 साल होगा तथा कलियुग और प्रभावशाली रूप से कार्य करेगा। इसके बहुत से प्रमाण पंच सखा कृत मालिका शास्त्र में वर्णन हैं।

5000 साल के बाद कलियुग का अंत होगा इसका पूरा प्रमाण मालिका शास्त्र में मिलता है।

श्रीमद् भागवत महापुराण,
स्कंद 12, अध्याय 2, श्लोक 14
शूद्रप्रायेषु वर्णेषुच्छागप्रायासु धेनुषु ।
गृहप्रायेष्वाश्रमेषु यौनप्रायेषु बन्धुषु ।।

यहां स्वयं भगवान वेद व्यास जी प्रमाण कर रहे हैं, कलियुग अंत में चारों वर्णों के लोग शूद्रों के समान हो जायेंगे। गौएँ बकरियों की तरह छोटी-छोटी और कम दूध देने वाली हो जायेंगी। वानप्रस्थी और संन्यासी आदि

विरक्त हो जाएंगे। ऐसे लक्षण संसार में कहीं-कहीं पर देखने को मिलेंगे।

श्रीमद् भागवत महापुराण,
स्कन्द 1, अध्याय 14, श्लोक 10

पश्योत्पातान्त्ररव्याध्र दिव्यान् भौमान् सदैहिकान् ।
दारुणान् शंसतोऽदूराद्भयं नो बुद्धिमोहनम् ।।

इस श्लोक के अनुसार युग के शेष समय में आकाश में उत्कापात आदि, पृथ्वी में भूकम्पादि

Number of earthquakes worldwide for 2015–2025

…16	2017	2018	2019	2020	2021	2022	2023	2024	2025
	1	1	1	0	3	0	0	0	0
5	6	16	9	9	16	11	19	10	2
1	104	118	135	111	141	117	128	89	11
49	1,446	1,671	1,484	1,314	2,055	1,599	1,633	1,411	322
…00	11,541	12,785	11,899	12,513	15,069	14,022	14,451	12,603	2,674
…96	13,098	14,591	13,528	13,938	17,284	15,749	16,231	14,113	3,009

और शरीरों में रोगादि भयंकर रूप से सभी को प्रभावित करते हैं।

भविष्य पुराणः-
(प्रतिसर्ग पर्व-चतुर्थ खंड)

भगवान वेद व्यास जी ने भविष्य पुराण में कलियुग के अंत के बारे में प्रमाण रखे हैं। जब कलियुग का चतुर्थ चरण आएगा तब सारे 21 नरक पूर्णतः भर जाएंगे। इस कारण यमदेव ब्रह्मदेव के पास जाकर स्तुति करेंगे, और बताएंगे कि सभी 21 नरक पापियों से पूर्णतः भर गए हैं। अब भगवान को धर्म रक्षा के लिए धरा अवतरण करना पड़ेगा। फिर सभी देवता, ब्रह्मदेव को साथ लेकर क्षीर सागर जाएंगे, और भगवान श्री

जगन्नाथ जी के पास जाकर स्तुति करेंगे। इसका प्रमाण भविष्य मालिका शास्त्र के अनुसार 5000 वर्ष के बाद सभी 21 नर्क पाप से पूर्ण हो जाएंगे और कलियुग अंत होकर भगवान कल्कि को अवतार लेना होगा।

यहां प्रमाण मिलता है, भविष्य मालिका शास्त्र के अनुसार कलियुग में पितृ हत्या, मातृ हत्या, स्त्री हत्या, शिशु हत्या, गौ हत्या, जीव हत्या, ब्रह्म हत्या, भ्रूण हत्या, भगिनी हरण, कन्या हरण, भाई की पत्नी का हरण, विधवा स्त्री हरण, पर स्त्री हरण, गर्भवती स्त्री हरण, कुमारी हरण, पशु हरण, भूमि हरण, पराया धन हरण, म्लेच्छ वेश धारण, न खाने योग्य खाद्य को खाना, अगम्य में गमन, अति निराश, कुटुंब वैराग्य, मित्र के साथ कपट, विश्वास घात, निम्न जाति के संग प्रीति करना, नग्न स्नान करना, नग्न शयन करना, मिथ्या भाषण, शास्त्रों की निंदा करना, गौ चारागाह भूमि/ शमशान भूमि पर कब्जा करना, माता तुलसी जी की पूजा न करना, विष्णु प्रतिमा को न पूजना और माता-पिता की भक्ति न करने के कारण, केवल 5000 साल के बाद कलियुग का अंत हो जाएगा। जैसे कि कलियुग के चार चरणों में 21 नरक के पूर्णतः भर जाने की बात लिखी गई है।

इन सब पापों के कारण पापी लोगों की संख्या इतनी अधिक बढ़ जाएगी जिससे 21 नरक संपूर्ण भर जाएंगे, और युग परिवर्तन होकर भगवान को अवतार लेना पड़ेगा।

वह समय सिर्फ 5000 साल में इन सभी पापों के कारण पूर्ण हो जाएगा और युग परिवर्तन होगा।

अथर्ववेदः-
(8.2.21)

शतं तेऽयुतं हायनान्द्रे युगे त्रीणि चत्वारि कृण्मः।
इन्द्राग्री विश्वे देवास्तेऽनु मन्यन्तामहणीयमानाः।।

इस श्लोक का अर्थ, जो अथर्ववेद में रचना है, वही तत्व अलग-अलग शास्त्रों में भी रचना है। चारों युगों की आयु पहले से आकलन हो चुकी है। जैसे सत्ययुग की आयु 17 लाख 28 हजार वर्ष, त्रेता युग की आयु 12 लाख 96 हजार वर्ष, द्वापर युग की आयु 8 लाख 64 हजार वर्ष और कलियुग की आयु 4 लाख 32 हजार वर्ष, यह शास्त्रों के द्वारा पहले से निश्चित है।

लेकिन यहां रामचरितमानस के एक दोहे को हम ले सकते हैं।

जब जब होई धरम की हानी।
बाढ़हि असुर अधम अभिमानी।
करहीं अनीति जहीं नहीं बरनी।
सिद्धई विप्र धेनु सुर धरणी।

तब-तब धरि प्रभु विविध शरीरा।
हरहिं कृपानिधि सज्जन पीरा।

यहां अथर्ववेद के श्लोक और रामचरितमानस के दोहे का एक ही अर्थ मिलता है। युग की आयु पाप के प्रभाव से कट जाती है। तब स्वयं भगवान विष्णु उसी समय अवतरित होकर धर्म संस्थापना करते हैं। भगवान महाविष्णु समय को देखकर चारों युगों की आयु को कम कर सकते हैं अथवा बढ़ा सकते हैं। इसी कारण भगवान जगन्नाथ जी के निर्देश पर भविष्य मालिका की रचना हुई। क्योंकि भगवान को पता था कलियुग 5000 वर्ष से अधिक नहीं रह सकता है।

महाभारत वनपर्व (अध्याय- 188)
में कलियुग अंत का प्रमाणः-

सप्तवर्षाष्टवर्षाश्च स्त्रियो गर्भधरा नृप।
दशद्वादशवर्षाणां पुंसां पुत्रः प्रजायते ।।

इसका अर्थ है कलियुग के अंत में कभी-कभी 7 से 8 वर्ष आयु की कन्या संतान प्रसव करेंगीं। और 10 से 12 वर्ष की आयु के किशोर पुरुष भी पिता बन सकते हैं। जो आज

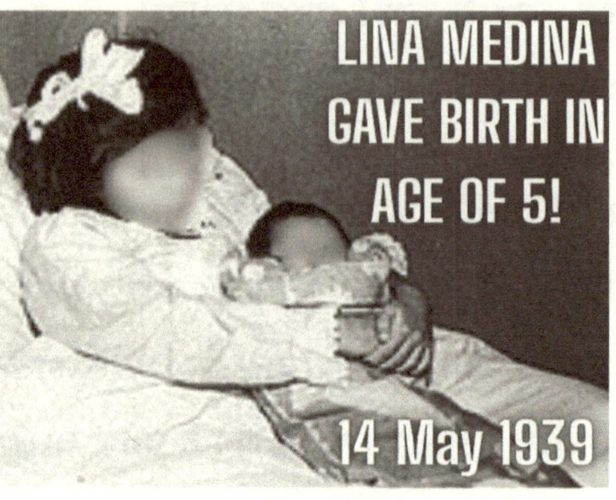

संसार में अलग-अलग देशों में कहीं-कहीं पर देखा जा रहा है। यह कलियुग अंत के विषय में स्वयं भगवान वेद व्यास जी का बहुत बड़ा प्रमाण है।

महाभारत, भीष्म पर्व, अध्याय 3, श्लोक 2

गर्भिण्योऽजातपुत्राश्च जनयन्ति विभीषणान्।
क्रव्यादाः   पक्षिभिश्चापि सहाश्नन्ति परस्परम् ।।

कलियुग के अंत में संसार में कहीं पर गर्भवती स्त्रियाँ पुत्र को जन्म न

देकर अपने गर्भ से भयंकर जीवों को पैदा करेंगी। मांसभक्षी पशु भी पक्षियों के साथ परस्पर मिलकर एक ही जगह आहार ग्रहण करेंगे।

महाभारत, भीष्म पर्व,
अध्याय ३, श्लोक ३

त्रिविषाणाश्चतुर्नेत्राः पञ्चपादा द्विमेहनाः।
द्विशीर्षाश्च द्विपुच्छाश्च दंष्ट्रिणः पशवोऽशिवाः॥
जायन्ते विवृतास्याश्च व्याहरन्तोऽशिवा गिरः।

कलियुग के अंत में कहीं कहीं पर तीन सींग, चार नेत्र, पाँच पैर, दो मूत्रेन्द्रिय, दो मस्तक, दो पूँछ और अनेक दाँढ़ों वाले अमंगलमय पशु जन्म लेंगे तथा मुँह फैलाकर अमंगलसूचक वाणी बोलेंगे।

महाभारत, भीष्म पर्व,

अध्याय 3, श्लोक 7

स्त्रियः काश्चित्प्रजायन्ते चतम्रः पञ्च कन्यकाः।
जातमात्राश्च नृत्यन्ति गायन्ति च हसन्ति च।।

कलियुग के अंत में कुछ स्त्रियाँ एक ही साथ चार-पाँच बच्चे पैदा करेंगी। तथा इसे एक उत्सव की तरह मनाएंगे। ऐसे लक्षण संसार में कहीं ना कहीं देखने को मिलेंगे।

अध्याय - 4

भगवान महाविष्णु के मुख्य 10 अवतार

अबतार दस एही दारू रूप
एही दारूरे मुलीन।
ईश्वर स्वयं लीला निमंते
बिजय रत्ने सिंहासन।

महापुरुष अच्युतानंद दास ने
"मालिका शास्त्र" में लिखे
हैं, प्रभु श्री जगन्नाथ जी के
अंश अवतार के रूप में
भगवान के 10 अंश अवतारों
की सृष्टि होती है, और वही 10

अंश अवतार फिर जगन्नाथ जी के दारु ब्रह्म शरीर में आकर लीन हो जाते
हैं।

धरती पर जितने भी अवतार होते हैं, इसमें 24 अवतार और अलग
अवतार भी श्री जगन्नाथ जी के दारु ब्रह्म से अंश अवतार के रूप में
अवतरित होते हैं और फिर उसी में समा जाते हैं।

भगवान के मुख्य 10 अवतार हैं:-

मत्स्य अवतार, कच्छप अवतार, वराह अवतार, नरसिंह अवतार, वामन अवतार, परशुराम अवतार, राम अवतार, बलराम अवतार, बुद्ध अवतार और कल्कि अवतार।

यही मुख्य दस अवतार भगवान ने धर्म संस्थापना के लिए युगांत में लिए हैं।

सत्ययुग के मुख्य धर्म संस्थापना अवतारः-
मत्स्य अवतार, कच्छप अवतार, वराह अवतार, नरसिंह अवतार और वामन अवतार।

त्रेता युग के मुख्य धर्म संस्थापना अवतारः-
परशुराम अवतार और राम अवतार।

द्वापर युग के मुख्य धर्म संस्थापना अवतारः-
कृष्ण और बलराम अवतार।

कलियुग में भगवान के धर्म संस्थापना के लिए मुख्य अवतारः-
भगवान बुद्ध अवतार, भगवान चैतन्य महाप्रभु अवतार और भगवान कल्कि अवतार।

अध्याय - 5

कलियुग में भगवान के अवतार

शास्त्रों के अनुसार कलियुग में भगवान के तीन अवतारों का वर्णन है। पहला श्री बुद्ध अवतार, दूसरा श्री चैतन्य महाप्रभु अवतार और तीसरा भगवान कल्कि अवतार।

"अग्नि पुराण" में भगवान बुद्ध के अवतार के बारे में स्पष्ट रूप से वर्णन है।

पूर्व काल में देवताओं और असुरों में घोर संग्राम हुआ। जिसमें दैत्यों ने देवताओं को परास्त कर दिया। तब देवता, त्राहि-त्राहि करते हुए भगवान की शरण में गए। भगवान माया मोह मय रूप में आकर राजा शुद्धोधन के पुत्र हुए। वही बुद्ध भगवान कहलाए। बुद्ध भगवान के अनुगामी बौद्ध कहलाए।

बुद्ध देव के जाने के बाद फिर से लोग पाप करने लगे और अधर्म बढ़ गया।

उन्होंने दूसरे लोगों से वेद धर्म का त्याग करवाना शुरू कर दिया।

श्रीमद् भागवत महापुराण में भगवान बुद्ध देव के अवतार के विषय में रचना है।

ततः कलौ सम्प्रवृत्ते सम्मोहाय
सुरद्विषाम्।
बुद्धो नाम्नाजनसुतः कीकटेषु
भविष्यति।।
(1.3.24)

इस श्लोक का अर्थ है, जिस समय कलियुग का घोर पाप बढ़ गया था। शासन करने वाले राजा असुरों से भी अधिक पापी बन गए थे। उसी समय संसार के

बुद्ध देव

उद्धार के लिए भगवान के अंश अवतार के रूप में बुद्ध देव, किंकट नगर पर महाराज अजन के पुत्र के रूप में अवतरित हुए और जीव हत्या को विरोध करते हुए अहिंसा धर्म को प्रचार किए थे।

भगवान चैतन्य महाप्रभु के अवतार के बारे में दस अवतार श्लोक में जयदेव जी ने वर्णन नहीं किये हैं। परन्तु विभिन्न शास्त्रों और मालिका के अनुसार भगवान चैतन्य महाप्रभु का अवतार कलियुग में धर्म संस्थापना के लिए हुआ था।

भगवान चैतन्य महाप्रभु, श्री जगन्नाथ मंदिर परिसर में कुर्म बेढा. के पास अष्टभुजाओं में अष्ट आयुध धारण किए हुए अनंत समय से पूजित हैं। यह अष्टभुजा धारी भगवान चैतन्य महाप्रभु का रूप कल्कि अवतार का संकेत देता है।

चैतन्य महाप्रभु

भगवान महाविष्णु के जितने भी अवतार हैं उनमें सर्वश्रेष्ठ अवतार कल्कि अवतार हैं जो इस कलियुग के अंत में स्वयं भगवान महाविष्णु (भगवान जगन्नाथ) धारण करेंगे।

अध्याय - 6

कल्कि नाम का महत्व

आध्यात्मिक विचारधारा में भगवान के हर अवतार के नाम के पीछे गुप्त रहस्य प्रतिपादित होता है।

जैसे भगवान राम ने रावण को मारा राम नाम "र" अक्षर से शुरू हुआ और रावण का नाम भी "र" अक्षर से शुरू हुआ।

जैसे भगवान श्रीकृष्ण ने कंस को विनाश किया।

कृष्ण नाम "क" अक्षर से शुरू हुआ और कंस का नाम भी "क" अक्षर से शुरू हुआ।

इसी तरह कलियुग में भी कल्कि नाम की महत्ता प्रकाशित होती है।

क्यों भगवान महाविष्णु, कल्कि नाम धारण करेंगे?

कलियुग जिस ढांचे पर खड़ा है, उसको यंत्रों का युग कहा जाता है। "कल्कि" नाम को अगर हम विचार करें "कल" का अर्थ यंत्र और "कि" का अर्थ चाबी है।

अर्थात ब्रह्मांड के सारे यंत्र (टेक्नोलॉजी) के मालिक श्री विष्णु कल्कि अवतार हैं। जब भगवान कल्कि धरा अवतरण करेंगे तब से सारे ब्रह्मांड का नियंत्रण वह स्वयं करेंगे। शास्त्रों के अनुसार भगवान कल्कि का अवतार 2004 के बाद किसी भी समय पर हो चुका है।

अध्याय - 7

भगवान कल्कि गुप्त में क्यों हैं ?

महापुरुष अच्युतानंद जी बताते हैं, भगवान कल्कि की लीला बड़ी गुप्त है, और इस लीला के तत्व को समझना मानव के लिए तो छोड़ो देवताओं के लिए भी अत्यंत कठिन है।

भगवान कल्कि के जन्म से धर्म संस्थापना तक सभी लीलाएं प्रकाश नहीं होंगी।

एक दिन महापुरुष अच्युतानंद दास के परम शिष्य रामचंद्र ने महापुरुष अच्युतानंद जी को पूछा। रामचंद्र बोले, गुरुदेव कलियुग में जब भगवान कल्कि अवतार धारण करेंगे, कैसे अवतरित होंगे, कहां अवतरित होंगे, कैसी-कैसी लीला करेंगे, भक्त और भगवान का कैसे मिलन होगा, गुरुदेव आप मुझे इस बारे में बताइए:-

तब अच्युतानंद दास जी ने उनके परम शिष्य रामचंद्र को बताया:-

अगाध सागर नाहीं पराबार महिमा के कही पारि।

बर्णिन पारिले सती सरस्वती तू अबा केते पचारि।

महापुरुष अच्युतानंद दास जी बोले भगवान की महिमा अपरंपार है, अनंत कोटि ब्रह्मांड में अनंत कोटि समुद्र से भी गहरी और परिव्याप्त है। जिस महिमा का किनारा मैंने कभी नहीं देखा। कोटि कल्प में वेद-शास्त्र, ब्रह्मा भी जिनकी महिमा का वर्णन नहीं कर पाए और विद्या की श्रेष्ठा माता सरस्वती और माता सती जिनकी महिमा को चारों युगांतर में वर्णन नहीं कर पाईं, उनकी महिमा का मैं कैसे वर्णन कर सकता हूं।

"मालिका शास्त्र" में नित्य पंच-सखा बार-बार यह प्रमाणित किये हैं, भगवान कल्कि को सभी मानव नहीं पहचान पाएंगे और भगवान कल्कि गुप्त में सारा धर्म संस्थापना कार्य शुरू करेंगे। धर्म संस्थापना के अंतिम समय पर भगवान कल्कि को सारा ब्रह्मांड पहचानेगा लेकिन उस समय आधे से अधिक विनाश हो चुका होगा।

इसके बारे में मालिका शास्त्र में निम्नलिखित तत्व है:-

चिन्हा न पड़िबे चिन्ही न पारिबे बृजबासी बाच्छी नेबे।

इस दोहे का अर्थ है भगवान कल्कि सारा भारत और विश्व भ्रमण करेंगे पर उनके निज भक्त के सिवा दूसरा कोई भी मनुष्य उनको पहचान नहीं पायेगा।

इसका अर्थ है भगवान कल्कि ना किसी को पहचान देंगे ना उनको कोई पहचानेगा, लेकिन द्वापर युग में जितने भक्त श्री वृंदावन में भगवान के साथ लीला किए थे, वह चाहे भारत हो या भारत के बाहर किसी भी देश में जन्म लिए हों, फिर भी भगवान कल्कि उनको अपने पास बुला लेंगे।

श्रीमद् भागवत महापुराण
(8.17.20)

नैतत् परस्मा आख्येयं पृष्टट्यापि कथञ्चु ।
सर्व सम्पद्यते देवि देवगुरूप सुसंवृतम् ।।

"श्रीमद् भागवत महापुराण" में, यहां स्वयं भगवान विष्णु माता अदिति को बताते हैं, मेरा अवतार अत्यंत गुप्त है, और आगे भी मैं जितने अवतार लूंगा उसे भी तुम गुप्त रखना। त्रेता युग में भी ऐसा प्रमाण मिलता है, भगवान श्री रामचंद्र को कुछ मात्र हाथ गिनती भक्त लोग जान पाए थे। द्वापर युग में भी ऐसा ही था ब्रज में कुछ चंद लोग ही भगवान श्रीकृष्ण को जान पाए थे। और कलियुग में भगवान कल्कि भी गुप्त में रहेंगे।

इसके बारे में मालिका शास्त्र में लिखा है:-

गुपतु गुपत ए महागुपत, महागुप्त अटे राम।
हर ब्रह्मांकु जे अगोचर हेब, न जाणिबे इंद्र चंद्र।

अर्थात यहां महापुरुष अच्युतानंद जी शिष्य रामदास को बता रहे हैं, भगवान कल्कि बड़े ही गुप्त में रहेंगे और भगवान कल्कि को कोई नहीं पहचान पाएंगे।

जनम होईबे गुप्त रेधिबे
केही न चिन्हीबे नर।
भकत मानंकु अदृश्य होइबे
कहार नधिब ज्ञान।

यहां भी पंच सखाओं ने प्रभु का अवतार बहुत गुप्त में होगा और मनुष्य लोग भगवान कल्कि को पहचान नहीं पाएंगे इसका प्रमाण रखे हैं।

फिर महापुरुष अच्युतानंद दास ने मालिका ग्रंथ **"शिवकल्प"** में ब्रह्मा जी भी भगवान कल्कि की लीला को पहचान नहीं पाएंगे इस बारे में बताया है:-

अभय पंजर महिमा मंदर
कडणां के करि पारि।
कोटि कल्पे ब्रह्मा बुझी न पारिबे
आसिबे से मृत्य पुरि।

यहां महापुरुष अच्युतानंद जी सभी भक्तों को बताए हैं, जब भगवान कल्कि धरा धाम पर अवतरित होंगे और लीला प्रकाश करेंगे, उनकी लीला को कोटि कल्प के ब्रह्म देव भी नहीं समझ पाएंगे और प्रभु को नहीं पहचान पाएंगे।

फिर एक स्थान पर पंच सखाओं ने लिखा है:-

केवल मोदास रही थिबे पास अन्य न जाणिबे केही।
बिभूत आंभर प्रकाश होइब जाणिब अलप नर।

इस पंक्ति का अर्थ, भगवान कल्कि को चारों युगों के अति निकटतम भक्त ही पहचान पाएंगे। उनके सिवा संसार के साधारण मानव लोग भगवान कल्कि को नहीं पहचानेंगे।

खेड़ खेड़ुथिबे श्रीबाल गोर्बिंद
तांकु न चिन्हीबे केही।
दीन बांधवंकु खोजुथिबे भक्त
माधब आसिबे नाहीं।

इस दोहे का अर्थ है, भगवान कल्कि, बाल गोविंद रूप में संसार में भ्रमण करेंगे, लेकिन प्रभु को कोई पहचान नहीं पाएंगे।

फिर महापुरुष अच्युतानंद जी लिखते हैं:-

महिरे चलिले चिन्ता न पड़िबे।

इसका अर्थ प्रभु सांसारिक कर्म में रहेंगे पर उनको कोई भी मनुष्य पहचान नहीं पाएंगे। भगवान कल्कि के धर्म संस्थापना करने तक भी मनुष्य लोग उन्हें नहीं पहचान पाएंगे। पर कुछ भक्त लोग जरूर भगवान कल्कि को पहचानेंगे। उनकी संख्या के बारे में **शिवकल्प ग्रंथ** में रचना है।

कोटिके गोटिए जाणंति सेरस
तिनि सहस्त्र गणा सेही।
महिमा प्रकाश निश्चय रामदास
आणेमु कहंति नाहीं।

इस दोहे का अर्थ आज सारे विश्व में लगभग 850 करोड़ जनसंख्या है, और भगवान कल्कि को जानने वाले अति करीबी भक्तों की संख्या मात्र 3000 है।

केवल 3000 भक्त ही भगवान कल्कि का पूर्ण संग लाभ करेंगे।

यहां एक विचार का विषय है, बहुत से ज्ञानी लोग कहते हैं, जब भगवान जन्म होते हैं और धरती पर विचरण करते हैं उनकी छाया धरती पर नहीं

पड़ती। लेकिन इस विचारधारा को भगवान के श्रीकृष्ण अवतार और भगवान श्री राम अवतार के विषय से हम प्रमाणित करते हैं।

भगवान श्रीकृष्ण अपनी छाया को देखकर डरते थे और माता यशोदा को इसके बारे में बोलते थे। प्रभु जब अवतरित होते हैं तब वह मानव लीला करते हैं और उनसे सारे मानवीय गुण भी प्रकाशित होते हैं।

ऐसे ही त्रेता युग में भगवान श्री राम जिस समय वनवास को निकले थे, उस समय गंगा नदी को पार करने के लिए प्रभु श्री रामचंद्र, केवट को बार-बार निवेदन किए थे। भगवान के निवेदन को सुनकर मां गंगा ने सोचा भगवान श्री राम तो परब्रह्म हैं, लेकिन भगवान होकर भी साधारण केवट को क्यों निवेदन कर रहे हैं? क्योंकि भगवान तो अपनी इच्छा मात्र से कुछ भी कर सकते हैं। फिर जिस समय केवट ने गंगाजल लेकर प्रभु श्री रामचंद्र का पाद प्रक्षालन किया उसी समय माता गंगा, भगवान श्री रामचंद्र की छोटी उंगली पर अपने उद्गम स्थान को दर्शन कीं। फिर माता गंगा प्रभु श्री राम को प्रणाम करके क्षमा मांग कर बोलीं, प्रभु अभी आप मानव लीला करने के कारण सब कार्य गुप्त में कर रहे हैं।

द्वापर युग में भगवान श्रीकृष्ण को ब्रह्मदेव भी पहचान नहीं पाए थे और गौमाता तथा गोपाल बालकों को अपहरण कर लिए थे। फिर प्रभु श्रीकृष्ण अपनी योग माया शक्ति से सारे गौबच्छ और गोपाल बालकों को खुद के शरीर से सृष्टि करके कई समय तक गोपपुर में लीला किए

थे। बाद में ब्रह्मदेव भगवान श्रीकृष्ण को पहचाने और क्षमा भी मांगे थे। यह समय कल्कि भगवान के अवतार का बड़ा गुप्त समय है।

फिर महापुरुष अच्युतानंद दास ने **"शिवकल्प"** नामक ग्रंथ में बताया है:-

कृष्ण भाव रस नुहे वेदाभ्यास
पुर्बू जार भाग्ये थिब।
तार तकु काया झकि दिसे माया
निश्चय बासना बासीब।

यहां महापुरुष अच्युतानंद दास बताते हैं, भगवान कृष्ण को प्राप्त करना, भगवान कृष्ण को समझना, भगवान कृष्ण से भाव लगाना, इतना आसान नहीं है। कोई भी देवता हो या मनुष्य हो सभी अष्टादश पुराण, वेद, शास्त्र को पढ़कर कंठस्थ कर ले और शास्त्रों के सारे ज्ञान तत्व को प्राप्त कर ले, वह भी भगवान श्रीकृष्ण (कल्कि) को नहीं समझ पाएंगे।

फिर महापुरुष अच्युतानंद जी बताते हैं, जो सच में भगवान के चारों युग लीला में साथ थे-
सत्ययुग, त्रेता युग, द्वापर युग और कलियुग में भगवान के साथ संग लाभ किए थे।

सत्ययुग में भगवान महाविष्णु के साथ ऋषि-मुनि परंपरा में संग लाभ किए थे।

त्रेता में भगवान श्री राम के साथ संग लाभ किए थे।

द्वापर में भगवान श्रीकृष्ण के साथ वृंदावन में संग लाभ किए थे।

वही भक्त कलियुग में भगवान कल्कि देव का भी संग लाभ करेंगे, और पूर्व भाग्य के अनुसार कलियुग में जन्म होंगे। उन्हीं को भगवान के अवतार के बारे में चेतना मिलेगी।

फिर महापुरुष अच्युतानंद जी ने बताया कि कलियुग में भक्त कैसे भगवान कल्कि को पहचानेंगे?

क्योंकि जब ब्रह्मा, सती, सरस्वती और बड़े बड़े ऋषि मुनि भी भगवान को नहीं पहचान पाए तब साधारण भक्त लोग कैसे भगवान कल्कि को पहचानेंगे?

यहां अच्युतानंद जी ने लिखे हैं:-

अनुभवे ज्ञान प्रकाश हुवंई

अनुभव कर मूढ़।

भविष्य बिचार तेणि कु कहीबी

ज्ञाने नाहीं स्थल कूड़।

इसका अर्थ है, जब भगवान कल्कि अवतरित होंगे उसी समय भगवान कल्कि गुप्त लीला करेंगे। भक्तजन उनको प्रत्यक्ष में समझ नहीं पाएंगे। उसी समय भक्तजन भगवान कल्कि को अनुभव मार्ग में उपलब्ध करके पहचानेंगे।

जो भक्त ज्ञान मार्ग, शास्त्र मार्ग में भगवान को पहचानने की कोशिश करेंगे वह लोग भगवान कल्कि को कभी भी नहीं पहचान पाएंगे।

फिर महापुरुष अच्युतानंद जी ने लिखे हैं:-

केवल भकती आने नाहीं प्रीति
भावे भकत देखुछी।
जे जेते कहीब सर्ब मिथ्या हेब
भाबना रे सब अच्छी।

इस दोहे का अर्थ है, महापुरुष अच्युतानंद जी कहते हैं, अरे रामचंद्र, आज तक जिन बड़े-बड़े भक्तों को भगवान प्राप्त हुए हैं- माता द्रौपदी, पांचो पांडव, ध्रुव, प्रहलाद, शबरी, विभीषण आदि सभी भक्तों ने भगवान को भक्ति मार्ग से प्राप्त किया था। इसलिए जो भी लोग भगवान कल्कि की शरण में जाना चाहेंगे वह ज्ञान मार्ग, शास्त्र मार्ग को छोड़कर भाव भक्ति और अनुभव के मार्ग में जाने से भगवान कल्कि को प्राप्त कर सकेंगे। ज्ञान मार्ग में भगवान कल्कि कभी नहीं मिलेंगे।

फिर पंच सखाओं ने लिखे हैं:-

गरुड़ संगे धेनि लीलाजे करीबे।

जाजनग्रे महाप्रभु जनम होइबे।

न चिन्हीं अज्ञानी लोके करूधिबे टाही।

ठिक बेड़ नुंह इहे हेबे कुहा कुही।

इस दोहे का अर्थ है, जब भगवान कल्कि जाजनगर पर जन्म होंगे, तब मनुष्य लोग उनको पहचान नहीं पाएंगे, और भगवान को न पहचान कर तथा समझ पाने का अधिकार नहीं होने के कारण भगवान की निंदा तथा परिहास करेंगे। ये भक्त लोगों के लिए बड़ा ही दुखदायक होगा।

अध्याय - 8

कल्कि भगवान कहां जन्म होंगे ?

शास्त्रों के अनुसार भगवान महाविष्णु के 24 अवतारों में से मुख्य अवतार कल्कि अवतार हैं, जो संपूर्ण 64 कलाओं में संभल नगर पर अवतरित होंगे।

भगवान कल्कि के अवतार के बारे में **विष्णु पुराण, श्रीमद् भागवत महापुराण, श्रीमद् महाभारत, देवी भागवत, गरुड़ पुराण, कल्कि पुराण, भविष्य पुराण, श्रीपद् श्रीवल्लभ चरित्रामृत** आदि ग्रंथों और पंच सखा कृत **भविष्य मालिका** शास्त्र में स्पष्ट रूप से वर्णन है:-
विष्णु पुराण के चतुर्थ अंश के अध्याय 24 मे रचना है:

ब्रह्ममयस्यातरुपीणो भगवतो वासुदेवस्यांस:।
संभल ग्राम प्रधान ब्राह्मणस्य विष्णुजसो ग्रहे अष्टगुणवर्धी समन्वित कल्कि रूपी।।

अनंत ब्रह्मांड में परिव्याप्त भगवान महाविष्णु, संभल ग्राम के प्रधान ब्राह्मण के घर में जहां निरंतर भगवान विष्णु जी का यश गान हो रहा है, उसी पवित्र स्थान पर अष्टगुण संपन्न कल्कि भगवान जन्म होंगे।

श्रीमद् भागवत महापुराण में कल्कि अवतार के बारे में क्या रचना है?

"श्रीमद् भागवत महापुराण" द्वादश स्कंद द्वितीय अध्याय में भगवान वेदव्यास ने रचना किए हैं:-

सम्भल ग्राम मुख्यस्य ब्राह्मणस्य महात्मनः।
भवने विष्णुयशसः कल्कि प्रादुर्भाविष्यति।।

इस श्लोक का अर्थ है, संभल ग्राम के मुख्य ब्राह्मण के घर में जहां भगवान महाविष्णु जी का निरंतर यश गान हो रहा है, उसी घर में भगवान कल्कि जन्म लाभ करेंगे।

महापुरुष जगन्नाथ दास जी द्वारा रचित **"उड़िया भागवत"** में लिखा है:-

विष्णुजसा नामे ब्राह्मण।
विष्णुजे ताग्रहे जन्म।
जशोबंती नामे ब्राह्मणी।
तागर्भे जन्म चक्रपाणी।
कलंकि नामे अबतार।
होइबे परम ईश्वर।

उड़िया भागवत में भगवान कल्कि के अवतार के बारे में रचना है। भगवान कल्कि, भगवान महाविष्णु के यश गान करने वाले घर में अवतरित होंगे। भगवान कल्कि की माता का नाम जसोवंती होगा। उसी ब्राह्मण घर में भगवान कल्कि जन्म लेकर धर्म संस्थापना करेंगे।

फिर **"गरुड़ पुराण"** में भगवान कल्कि के अवतार के बारे में वर्णन है:-

कल्कि विष्णुश्च भवता संभल ग्रामेक पुनः।
अश्वारूढ़ो खिलालोकान तादात्मातन करिष्यत।।

इसका अर्थ है, भगवान महाविष्णु कल्कि, संभल ग्राम पर जन्म होने के बाद अश्व के ऊपर आरूढ़ होकर खल और असुर लोगों का विनाश करके धर्म संस्थापना करेंगे।

"देवी भागवत" में कल्कि अवतार के बारे में लिखा है:-

अथासौ युगसन्ध्यायां दस्युप्रायेषु राजसु।
जनिता विष्णुयशसो नाम्ना कल्किर्जगत्पतिः।।

इसका अर्थ है, जिस समय कलियुग का युग संध्या समय उपनीत होगा, उसी समय शासक, दस्यु की तरह प्रजा को लुठन करेंगे। उसी समय भगवान विष्णु के यशगान करने वाले भक्त के घर पर भगवान कल्कि

अवतरित होंगे। इस श्लोक में जो रचना है, उसका अनुभव आज पूरे विश्व की मानव सभ्यता कर रही है।

श्रीमद् भागवत महापुराण में श्री शुकदेव जी राजा परीक्षित को बताते हैं:-

यदाज धर्मस्यक्षयबुद्धिस्च पापसनः।
तदातु भगवानिशआत्मानां सुहते हरि।।

जिस समय धर्म का क्षय होता है, अधर्म का बढ़ावा होता है, और धर्म संकुचित हो जाता है। पाप, धर्म के ऊपर अपनी काया विस्तार करता है। उसी समय भगवान अवतरित होकर भक्तों का और संसार का उद्धार करते हैं।

फिर भगवान कल्कि के अवतार के विषय में "भविष्य पुराण" के पेज नंबर 380 में लिखा है, भगवान कल्कि के पिता कश्यप बैकुंठ से आकर जन्म लेंगे और वह लोक कल्याण कार्य के लिए संभल ग्राम में जन्म लेंगे। कश्यप ऋषि को कलियुगी असुर प्रताड़ित करके काल के कारागार में डालेंगे। कश्यप ऋषि को काल के कारागार में डालने के बाद भगवान कल्कि का जन्म होगा।

कश्यप ऋषि कृष्ण लीला ग्रंथ (भागवत) प्रचार करेंगे।

"महाभारत" के वन पर्व पर भगवान कल्कि का जन्म संभल (संभूत संभल) पर होगा इसके बारे में भगवान वेदव्यास ने रचना की है। पहले श्रीमद् भागवत महापुराण में भगवान वेदव्यास जी ने भगवान कल्कि, संभल ग्राम पर जन्म होंगे यह रचना की थी। और द्वापर युग में महाभारत युद्ध के बाद जब भगवान वेदव्यास जी ने महाभारत पुराण की रचना की, उस महाभारत पुराण के वन पर्व पर भगवान वेद व्यास ने दो मुख्य शब्दों का प्रयोग किया, एक **"संभूत संभल"** दूसरा **"ब्राह्मणा बसथे शुभे"** इसके आधार पर जो श्लोक भगवान वेदव्यास जी ने लिखा है उस पर प्रकाश डालते हैं:-

कल्की विष्णुयशा नाम द्विजः कालप्रचोदितः।
उत्पत्स्यते महावीर्यो महाबुद्धिपराक्रमः।। १३
।। सम्भूतः सम्भलग्रामे ब्राह्मणावसथे शुभे।

इस श्लोक का पूर्ण अर्थ है, भगवान कल्कि, भगवान विष्णु का यशगान करने वाले ब्राह्मण के घर में जन्म होंगे। भगवान कल्कि महाबुद्धि युक्त तथा पराक्रमी होंगे। कल्कि भगवान शंभूत संभल में जन्म होंगे इसका अर्थ स्थापन किया गया वह संभल जहां यज्ञ अनुष्ठान के लिए ब्राह्मणों का ग्राम प्रतिष्ठित किया गया था।

पंच सखाओं में अन्यतम महापुरुष बलराम दास ने संभूत संभल के विषय में "भविष्य मालिका" ग्रंथ में लिखे हैं:-

जे दसासनी घाट पुण।

दस जे सहस्त्र ब्राह्मण।

स्वदेहे स्वर्गकु से गले।

पाताल बैकुंठ मिलीले।

यहां पंचसखा कृत भविष्य ग्रंथ में भगवान व्यास देव के महाभारत के वनपर्व का प्रमाण मिल रहा है। इस दोहे में स्पष्ट वर्णन है, दस अश्वमेध घाट में दस हजार ब्राह्मण वैतरणी नदी के किनारे प्रतिष्ठित किए गए थे। राजा जजाति केशरी के शासनकाल में उत्तर प्रदेश के कन्नौज से दस हजार ब्राह्मणों को लाकर वैतरणी नदी किनारे बिरजा क्षेत्र पर उनका गांव स्थापित किया गया था। उन्हीं दस हजार ब्राह्मणों ने श्रीमद् वैतरणी नदी के तट पर अश्वमेध यज्ञ किए थे।

जिसको पंच सखाओं में अन्यतम महापुरुष बलराम दास ने "कलि आगत भविष्यांत" ग्रंथ में प्रमाणित किए हैं।

दस हजार ब्राह्मणों को अश्वमेध यज्ञ के बाद मुक्ति मिल गई और सभी ब्राह्मणों को पाताल बैकुंठ में स्थान प्राप्त हुआ।

यहां महापुरुष बलराम दास ने **"कलि आगत भविष्यांत"** ग्रंथ में इस गुप्त तत्व के प्रमाण को प्रस्तुत किया है।

बराह रूप बहि करि।
बिजय तहीं नरहरि।
त्रिवेणी बहु अच्छी धार।
तीर्थ मानंकर जे सार।
गुपते जल अच्छी जहीं।
पद्मन तप स्थान सेही।

इस दोहे का अर्थ है, जहां दशासनी या अश्वमेध घाट है, उसी स्थान पर भगवान के दश अवतार में मुख्य अवतार, प्रभु वराह नारायण अधिष्ठित हैं। उसी स्थान पर गंगा, यमुना और सरस्वती तीनों नदियों का संगम गुप्त में हुआ है। वह स्थान ब्रह्मदेव के तप स्थान के नाम में परिचित है, जिसको महापुरुष बलराम दास ने प्रमाणित किया है।

इस समय हमको विचार करना पड़ेगा जो भगवान वेद व्यास ने महाभारत के वनपर्व पर दो शब्द लिखे थे **'संभूत संभल'** और **'ब्राह्मणा बसथे शुभे'** इन दोनों शब्दों के अर्थ से यही प्रमाण मिलता है, पहला संभल जो मुरादाबाद में है, उसको छोड़कर एक नया संभल बनेगा। उसी नए संभल का नाम रहेगा संभूत संभल, और वहीं पर दस हजार ब्राह्मणों का एक गांव स्थापित किया जाएगा।

और भी एक विचारधारा के अनुसार जिस समय ब्रह्मदेव ने बिरजा क्षेत्र पर धरती का प्रारंभ और प्रथम यज्ञ किया था, उसी समय ब्रह्मदेव ने

ब्रह्मलोक से ब्राह्मण, देवता और ऋषि मुनियों को लेकर यज्ञ अनुष्ठान किया था। यज्ञ से अजोनि संभुता योगमाया, माता बिरजा देवी, और शंकर भगवान की उत्पत्ति हुई थी।

इसके बारे में **"बिरजा महात्मय"** ग्रंथ में रचना है:-

देवी ब्रह्माग्निजाता महीश तनुहता।

शूल लांगूल हसता प्रबल महीश पृष्ठे शूलमां भेद्यमाना।

गणपति फणिसम्राट योनिलिंगेंदुचूड़ा।

रचयेतु बिरजा मे मंगले मंगला नामा।

माता बिरजा देवी ब्रह्मांड के सभी देवी- देवताओं की माता हैं। वह स्वयं योगमाया हैं।

शास्त्र में लिखा है:-

"बिरजासा महादेवी विजयस्तत्र भैरव"

"बि" का अर्थ है ब्रह्मांड, जो ब्रह्मांड का राजा है वही बिरजा देवी हैं।

माता बिरजा देवी अपने मस्तक के जटादेश में पांच देवताओं को धारण किए हैं-

गणपति, बलभद्र (शेषनाग/फणिसम्राट), शिव, पार्वती और चंद्रदेव।

वही बिरजा देवी का जो पवित्र स्नान घाट है, जिसे योगमाया घाट कहते हैं, जिस घाट से लगा हुआ हरिहर क्षेत्र भी है। वहीं पर माता कनक दुर्गा का स्थान भी है। उसी क्षेत्र में भगवान कत्तिक,

योगमाया घाट के पास शिशु रूप में जन्म होंगे।

उपरोक्त तत्व के आधारित बिरजा क्षेत्र पर ब्रह्मदेव से जजाति केशरी तक और भी अनेक पवित्र शक्तियों द्वारा यज्ञ अनुष्ठान किया गया था। इसी कारण इस क्षेत्र को यज्ञ क्षेत्र या यज्ञपुर वर्तमान जाजपुर नाम से नामित किया गया है।

जब ब्रह्मदेव ने इस स्थान पर यज्ञ किया, यज्ञ अनुष्ठान के संपन्न होने के बाद ब्रह्मदेव ने सप्तद्वीपमही नदी-नद, समुद्र, पहाड़, यह सारी पृथ्वी, यज्ञ के दान के रूप में कश्यप ऋषि को प्रदान की थी, इसका वर्णन महाभारत के वनपर्व में किया गया है।

अध्याय - 9

गुप्त संभल

पंच सखा कृत भविष्य मालिका में कल्कि अवतार के जन्म स्थान का निरूपणः-

आज भारत में सभी भक्तों के मन में यही प्रश्न आता है कि भगवान कल्कि का अवतार कब होगा या हो चुका है, तथा कल्कि अवतार किस देश में किस राज्य में किस गांव में होगा? भारत के सभी साधु संतों का इसके बारे में भिन्न भिन्न मत है।

इस समय कलियुग का अंत हो चुका है, और भगवान कल्कि के आगमन का समय दिखाई देता है। जिस समय युग अंत होता है, उस समय भगवान धरा अवतरण करते हैं। इस समय अनेक शास्त्रों के अनुसार कलियुग का अंत, कल्कि अवतार, धर्म संस्थापना, भक्तों का उद्धार, पापियों के संहार का समय चल रहा है, लेकिन इसके बारे में मानव सभ्यता को अभी भी जानकारी नहीं है। भविष्य मालिका शास्त्र की विचारधारा के अनुसार 2032 में सत्ययुग के आगमन के लिए शास्त्रीय प्रमाण और मेरी विचारधारा दिखाई देती है।

यह बड़ा गुरूत्वपूर्ण समय है। सभी भक्तों के निवेदन पर भविष्य मालिका और शास्त्रों में कल्कि भगवान कहां जन्म लाभ करेंगे, किस समय जन्म लाभ करेंगे, भविष्य मालिका में भगवान कल्कि के जन्म के बारे में जो लिखा है और अनेक प्रमाण हम इस पुस्तक में प्रदान कर रहे हैं।

भविष्य मालिका में संभल का क्या प्रमाण है?

शास्त्रों के मतानुसार संभल का अर्थ **"शंभु का आलय"** अर्थात शंकर भगवान के क्षेत्र पर जो क्षेत्र विराजमान है उसी को संभल कहते हैं। भक्तों की विचारधारा के अनुसार संभल का अर्थ संपत्ति (प्रॉपर्टी), सभी भक्तों की सबसे बड़ी संपत्ति है, भगवान महाविष्णु। और वही भगवान, भक्तों की पवित्र संपत्ति, संभल ग्राम पर अवतरित होकर भक्तों का उद्धार करेंगे।

शास्त्रों में हमने पढ़ा है कि भगवान कल्कि का जन्म संभल नगर पर होगा। पर शास्त्रों के अनुसार संभल का अर्थ, जहां भगवान शंकर का निवास स्थान है उसी स्थान को **संभल अर्थात शंभु का आलय** कहा जाता है। इसके बारे में शास्त्र में लिखा है:-

एक दिन भगवान शंकर के सेवक नंदी महाराज ने कार्तिकेय भगवान को पूछा, दुनिया में सबसे पवित्र क्षेत्र कहां है तब भगवान कार्तिकेय जी ने बताया:-

यत्र पुण्यं तमं क्षेत्रे।

तत्र देव पिनाक धुक।

तत्र देवी स्वयं गौरी।

तत्र देव जनार्दन्।

संसार का सबसे बड़ा पुण्य क्षेत्र जहां भगवान शंकर निवास करते हैं, वहीं पर अधिष्ठात्री देवी के रूप में माता पर्वती निवास करती हैं। उस क्षेत्र के रक्षक स्वयं भगवान जनार्दन हैं। वही क्षेत्र ब्रह्मांड में सबसे पवित्र क्षेत्र है।

भारत को देवभूमि कहते हैं, पर इस देवभूमि में वह संभल कहां स्थित है, जहां भगवान महाविष्णु का कल्कि अवतार होगा। इस पुस्तक में हम पहले से प्रमाण रख चुके हैं कि संस्कृत पुराण; श्रीमद्भागवत, श्रीमद् महाभारत, देवी भागवत, गरुड़ पुराण, कल्कि पुराण और भविष्य पुराण में संभल के बारे में जो रचना है, उस रचना के आधारित तत्व के अनुसार भगवान कल्कि संभूत संभल में जन्म होंगे। संभूत संभल के तत्व को भगवान विष्णु के नित्य पंच सखाओं ने भविष्य मालिका पुराण में स्पष्ट रूप से और पूर्ण प्रमाण के साथ में प्रस्तुत किया है। दुनिया के सभी शास्त्र जिनमें कल्कि अवतार का वर्णन है, उनमें से किसी भी शास्त्र में कल्कि भगवान के अवतार का कोई स्पष्ट प्रमाण नहीं है। लेकिन पंच सखा कृत भविष्य मालिका शास्त्र में संपूर्ण कल्कि अवतार का जन्म, कल्कि अवतार की लीला, भक्त और भगवान का कैसे मिलन होगा, कैसे-कैसे

पंचभूत के माध्यम में खंड प्रलय होगा, तृतीय विश्व युद्ध कैसे होगा, तृतीय विश्व युद्ध को कराने वाला कौन सा देश है, तृतीय विश्व युद्ध में भारत के समर्थन में कौन-कौन देश होंगे, कौन-कौन देश भारत का विरोध करेंगे, तृतीय विश्व युद्ध का अंजाम क्या होगा, उस समय भारत की स्थिति क्या होगी, भगवान का कौन सा नाम/मंत्र भजन करके भक्त लोग आने वाली आपदाओं में सुरक्षित रहेंगे, सारा विश्व कैसे पूर्ण सनातनी बनेगा, सत्ययुग कैसे प्रतिष्ठित होगा, अनुमानिक कितने भक्त धरती पर बचेंगे, गणतंत्र का कैसे विलोप, राजतंत्र का कैसे उत्थान होगा और सारे विश्व में कैसे सत्ययुग की प्रतिष्ठा होगी इसके बारे में मालिका शास्त्र में स्पष्ट प्रमाण हैं।

इस समय सबसे बड़ा प्रश्न यह है कि अष्टादश पुराण के अनुसार जो संभल है, भविष्य मालिका में उस संभल के बारे में क्या वर्णन है?

उड़ीसा की पवित्र धरती पर बैकुंठ के नित्य पंच सखाओं ने धरा अवतरण किये थे। उन पंच सखाओं के नाम; महापुरुष अच्युतानंद दास, महापुरुष जगन्नाथ दास, महापुरुष शिशु अनंत दास, महापुरुष जसवंत दास और महापुरुष बलराम दास है।

पंच सखाओं ने मालिका शास्त्र में लिखा है:-
भारत जे भगवानंकर जन्म स्थान।

इस दोहे में पंच सखाओं ने लिखे हैं, भारत भगवान कल्कि का जन्म स्थान है।

फिर पंच सखाओं ने लिखा है:-

उड़ीसा जे भगवानंकर जन्म स्थान।
अनिष्ट होइले पुणि नुआ हेबे जन्म।

इसका अर्थ है, भारत में जितने राज्य हैं उनमें उड़ीसा ही भगवान का जन्म स्थान है। फिर महापुरुष प्रमाण करते हैं, जब धरती पर पंचभूत का प्रलय होगा तब धरती पर नए सत्ययुग की शुरुआत होगी।

पंच सखाओं में अन्यतम, महापुरुष अच्युतानंद दास ने संभल ग्राम में भगवान कल्कि का अवतार होगा इस बारे में बड़ी भक्ति से "सदर जमा चकड़ा मडाण" ग्रंथ में रचना किए हैं:-

जोग निद्राकु जे आंभे भांगीपुण संभल नग्रे जन्मीबू।
अग्निहोत्रि द्विजशर्मा घरे पुणि पंच सखा संगे नेबू।

यहां महापुरुष अच्युतानंद दास कहते हैं, भगवान कल्कि बैकुंठ से योग निद्रा को छोड़कर अग्निहोत्र (यज्ञ करने वाले ब्राह्मण) द्विज-शर्मा (अर्थात ब्राह्मण) के घर में प्रभु जन्म होकर पंच सखाओं को साथ लेकर कार्य

करेंगे। (महापुरुष अच्युतानंद दास, महापुरुष जगन्नाथ दास, महापुरुष शिशु अनंत दास, महापुरुष जसवंत दास और महापुरुष बलराम दास)।

यहां हम भारत में जितने भी संभल क्षेत्र हैं उन सब को सम्मान करते हैं। खासतौर से मुरादाबाद में जो सबसे बड़ा और पवित्र संभल है, उस अति पवित्र संभल क्षेत्र को हम बड़ी भक्ति के साथ स्वागत और सम्मान करते हैं। उसी संभल में आने वाले समय में भगवान कल्कि की लीला होगी और लाखों भक्तों का उद्धार होगा।

भारत में कई जगहों पर जो संभल मौजूद हैं, हिमालय में जो संभाला मौजूद है, उड़ीसा में जो संभलपुर है, हम इन सभी संभल का अति भक्ति भाव और पवित्रता के साथ आदर और सम्मान करते हैं।

लेकिन शास्त्रों के अनुसार जिस संभल में कल्कि भगवान जन्म होंगे वह संभल उड़ीसा में प्रमाणित किया गया है।

अब प्रश्न यह है उड़ीसा में वह संभल कहां है जहां भगवान कल्कि अवतार जन्म लेंगे।

इस विषय में पंच सखाओं ने मालिका शास्त्र में बहुत सारे स्पष्ट प्रमाण रखे हैं।

श्री बैतरणी नदी पतित पावनी उन्न कोटी लिंग जहीं।

सेही स्थाने आंभ महिमा प्रकाश मुनि गण मध्ये रही।

यहां महापुरुष अच्युतानंद जी ने लिखे हैं, श्री वैतरणी नदी पतित पावनी गंगा के रूप में उड़ीसा के जाजनगर में बह रही हैं, उसका प्रमाण रखे हैं। वैतरणी नदी के किनारे 99 लाख 99 हजार 999 लिंग पूजित हैं। उसी बिरजा क्षेत्र में भगवान कल्कि नाभिगया तीर्थ पर जन्म होंगे। भगवान कल्कि की महिमा मुनि, ऋषि और भक्त जो मनुष्य रूप में जन्म हुए हैं उन्हीं के बीच में प्रकाश होगी।

फिर महापुरुष अच्युतानंद दास ने भगवान कल्कि गंगा नदी के किनारे (सत्ययुग की गंगा, वृद्ध गंगा/ वैतरणी) संभल नगर पर जन्म होंगे इसका प्रमाण रखते हैं:-

बैकुंठ तेजीण देब चक्रधर बिजे संभल नग्र।

गंगा तीरे बास जसोबंती नामे बिष्णुजसा बिप्रवर।

महापुरुष अच्युतानंद दास **"जुगांतकारी गीता"** नामक ग्रंथ में लिखते हैं, भगवान कल्कि बैकुंठ को त्याग कर संभल नगर पर वृद्ध गंगा (वैतरणी) किनारे जन्म होंगे। कल्कि भगवान की माता का नाम जसोवंती और पिता का नाम विष्णु यश गान करने वाले ब्राह्मण होगा।

फिर महापुरुष अच्युतानंद दास ने **"कलि कल्प गीता"** शास्त्र में लिखे हैं:-

चरण छुअनि बाबू द्वादश गोपाल।
उदय बेलकु थीबी पुरजे संभल।

इस दोहे में भगवान निराकार विष्णु अच्युतानंद जी को बता रहे हैं, हे द्वादस गोपाल मेरे पैर मत छुओ। धर्म संस्थापना और उदय समय पर मैं संभल नगर पर अवतरित होऊंगा।

मालिका शास्त्र में प्रमाणित होता है, महापुरुष अच्युतानंद दास जी **"गरुड़ गोर्बिंद टीका"** शास्त्र में बता रहे हैं, यहां भगवान विष्णु अपने भक्त गरुड़ जी को कल्कि अवतार के बारे में बताते हैं:-

देहधारी मु जनम होई।
गुपते थिबी संभल भुईं।

महापुरुष अच्युतानंद दास जी लिखते हैं, भगवान विष्णु, भक्त गरुड़ जी को बता रहे हैं कि मैं नर देह धारण करके मानव रूप में जन्म होकर संभल क्षेत्र पर गुप्त में निवास करूंगा। इस विचारधारा को भगवान श्रीकृष्ण जी ने भक्त गरुड़ को द्वापर युग में बताया था।

मालिका शास्त्र में कल्कि अवतार के बारे में महापुरूष शिशु अनंत महाराज ने ब्राह्मण घर में कल्कि अवतार होंगे इसकी रचना **"आगत भविष्य"** शास्त्र में किए हैं:-

ब्राह्मण विष्णुजसा घरे।
जन्मि कल्कि अबतारे।

यहां पंच सखाओं में अन्यतम महापुरूष शिशु अनंत दास ने भगवान कल्कि, विष्णु यश ब्राह्मण के घर में, मानव रूप में, कल्कि अवतार के रूप में जन्म होंगे यह रचना किए हैं।

महापुरूष अच्युतानंद दास ने **"महामहिम पद्मटीका सागर"** ग्रंथ में भगवान कल्कि संभल ग्राम के उत्तर पार्श्व में जन्म होंगे और माता जसोवंती जो कल्कि भगवान की माता होंगी, उनका घर लक्ष्मी वराह क्षेत्र के पंचकोशी के भीतर होगा यह वर्णन किए हैं।

संभल ग्रामर उत्तर पार्श्वरि विष्णु शर्मा द्विज वर।
तहार धरणी जसोबंती रानी बराह क्षेत्र मध्यर।
जनम लभिबे गुपतरे थिबे केही न चिन्हींबे नर।
भकत मानंकु अदृश्य होईब कहार नथिब ज्ञान।

इस दोहे का अर्थ यह है, महापुरुष अच्युतानंद दास जी यहां प्रमाण कर रहे हैं, संभल ग्राम के उत्तर पार्श्व पर विष्णु यश ब्राह्मण का घर होगा। और उनकी पत्नी जसोवंती माता का घर लक्ष्मी वराह क्षेत्र पंचकोशी के भीतर होगा। भगवान कल्कि विष्णु यश घर में जन्म होने के बाद गुप्त में रहेंगे और बड़े-बड़े भक्तों को भी इस बारे में कुछ पता नहीं चलेगा।

यहां विचार का विषय यही है कि महापुरुष अच्युतानंद दास और नित्य पंच सखाओं ने भगवान कल्कि का जन्म; कहीं बिरजा क्षेत्र- ब्राह्मण गांव, कहीं बिरजा क्षेत्र- बिरजा देवी के पूर्व भाग में, कहीं वैतरणी नदी के किनारे, कहीं वैतरणी नदी के उत्तर भाग में, कहीं वराह नारायण के पूर्व भाग में (जो वराह नारायण यज्ञ से उत्पत्ति होकर वैतरणी नदी किनारे ब्रह्मदेव के द्वारा अधिष्ठित हैं), कहीं दुग्धवती नदी के दक्षिण में, कहीं अमरावती के पूर्व दिशा में जन्म होंगे यह लिखा है।

लेकिन यहां महापुरुष अच्युतानंद दास जी ने भगवान कल्कि की माता का जन्म वराह क्षेत्र में होगा यह रचना किए हैं। परन्तु बात यह है कि बिरजा क्षेत्र के पंचकोशी के मध्य में जो यज्ञ वराह स्थित हैं, वह ब्रह्मदेव के हवन से उत्पत्ति हुए थे। लेकिन जाजनगर पर वराह नारायण की उत्पत्ति होते हुए भी उस क्षेत्र का नाम अधिष्ठात्री देवी माता बिरजा देवी के नाम पर बिरजा क्षेत्र अथवा यज्ञ क्षेत्र या यज्ञपुर वर्तमान जाजपुर है।

इसलिए अब भी प्रश्न यही है वह वराह क्षेत्र कहां है? जहां प्रभु की माता का घर है?

इसके बारे में मालिका शास्त्र में लिखा है:-

प्रथम रे ब्रह्मा जंही यज्ञ करिथिले।
जज्ञरु जज्ञ बराह बिरजा जन्मीले।

इसका अर्थ यह है कि ब्रह्मदेव ने धरती पर पहला यज्ञ अनुष्ठान उड़ीसा राज्य के वैतरणी नदी के तट पर किया था। और ब्रह्मदेव के उस यज्ञ से वराह नारायण और माता बिरजा देवी की उत्पत्ति हुई थी।

उड़ीसा में बिरजा क्षेत्र को छोड़कर अलग एक वराह क्षेत्र है, जो उड़ीसा के केंद्रपाड़ा जिले में स्थित है। उस क्षेत्र का नाम लक्ष्मी वराह क्षेत्र है, जिस वराह क्षेत्र के पंचकोशी के भीतर कल्कि भगवान की मां का जन्म होगा। जो विष्णु यश ब्राह्मण से विवाह करके कल्कि भगवान को जन्म देंगीं। संभल नगर पर प्रभु जन्म होंगे इसका प्रमाण शिशु अनंत महाराज ने **"चुंबक मालिका"** में बताए हैं:-

संभल ग्रामरे प्रभु रहीबे।

भक्त मानंकु अधिकार देबे।

इस दोहे का अर्थ है, यहां महापुरुष शिशु अनंत महाराज दृढ़ता के साथ प्रमाण रखते हैं, जिस समय कल्कि भगवान संभल नगर पर रहेंगे, उसी समय भगवान कल्कि, भक्त लोगों को सारे विश्व में उनके अधिकार को पुनर्प्रदान करेंगे।

उड़ीसा की पवित्र धरती पर जन्म हुए महापुरुष अभिराम परमहंस ने **"सनातन धर्म गीता"** ग्रंथ में भगवान कल्कि संभल नगर पर जन्म होंगे इसका प्रमाण रखा है:-

कोईलीलो सतपत्र सूत्रे उड़ी जीबू।

संबल नग्ररे जांई ठाबतु करिबूलो।

यहां ठाकुर अभिराम परमहंस सनातन धर्म गीता में प्रमाण रखते हैं, भगवान कल्कि उड़ीसा के संभल नगर पर जन्म होंगे।

फिर महापुरुष अच्युतानंद दास **"चकडा. मडाण"** ग्रंथ में भगवान कल्कि का अवतार उड़ीसा के संभल नगर में होगा इसका प्रमाण करते हैं:-

कहंति अच्युत सुन रामदास

भकत मो गला हार।

भकत निमंते संबल नग्ररे

हेबि कल्कि अबतार।

यहां महापुरुष अच्युतानंद जी अपने परम् शिष्य रामदास को कहते हैं, भगवान कल्कि सारे भक्तों पर बड़ी कृपा करते हैं और सभी भक्त भगवान के गले में फूल माला की तरह छाए रहते हैं। भक्तजनों के लिए भगवान कल्कि उड़ीसा के संभल नगर में अवतार लेंगे।

महापुरुष जगन्नाथ दास "कलि भविष्यत" ग्रंथ में बताते हैं:-

पिता बासुदेव आंभर जाण।

बिश्वकर्म्मा ग्रहे हेबू जनम।

ब रे ब्राह्मण जे बिश्वकर्म्मा।

तांकर अंगर ख्यारि बुसिना।

यहां महापुरुष जगन्नाथ दास स्पष्ट रूप से प्रमाण करते हैं, भगवान कृष्ण के पिता वासुदेव, कलियुग में भगवान कल्कि के पिता होकर आयेंगे। वह ब्राह्मण कुल में जन्म होंगे और उनके अंग से भगवान कल्कि सृष्टि होंगे।

महापुरुष अच्युतानंद दास **"तेर जन्म शरण"** नामक ग्रंथ में लिखते हैं, जब कलियुग का अंत होगा तब भगवान कल्कि विष्णु यश के घर में मानव रूप में जन्म होंगे:-

कलंकिर सीमा कालपुरी गले कल्कि विष्णुजसा पुरे।
संभल ग्रामर उदय होईधिले म्लेच्छ संहार कालरे।

यहां महापुरुष अच्युतानंद दास जी प्रमाण करते हैं, जब कलियुग का अंत होगा उसी समय कल्कि भगवान उड़ीसा के संभल ग्राम पर विष्णु का यशगान करने वाले ब्राह्मण के घर पर जन्म लाभ करेंगे।

महापुरुष अच्युतानंद दास **"गुरु भक्ति गीता"** ग्रंथ में लिखते हैं, भगवान कल्कि, गया क्षेत्र पर जो संभल ग्राम है उसी संभल में अवतार लेंगे:-

गया रे संभल नग्र विष्णुजसा घरे।
जन्मीण तपस्या करीबे चक्रधर।

इस दोहे से प्रमाण मिलता है कि भगवान कल्कि गया क्षेत्र पर जो संभल गांव है, उसी गांव में विष्णु यश गान करने वाले ब्राह्मण के घर में जन्म होंगे।

फिर महापुरुष अच्युतानंद जी, वह संभल गांव कहां है इसका प्रमाण करते हैं:-

गुपत भुइरि खेल खेलुधिबे

मदन गोपाल होई।

पंच कोसी मध्य नाभिगया तीर्थ

कहे अच्युत निठाई।

यहां महापुरुष अच्युतानंद दास जी स्पष्ट रूप से प्रमाण करते हैं कि वह गया क्षेत्र कहां है, जिस गया क्षेत्र पर वह संभल गांव है, जहां प्रभु कल्कि जन्म लेंगे? इस दोहे में महापुरुष अच्युतानंद जी कहते हैं, भगवान कल्कि मदन-गोपाल (कृष्ण-बलराम), एक शरीर में मानव रूप में संभल ग्राम में जन्म होंगे। उस गया क्षेत्र का प्रमाण महापुरुष अच्युतानंद दास उड़ीसा के बिरजा क्षेत्र पर जो नाभिगया क्षेत्र है, उसके पंचकोशी के भीतर प्रभु कल्कि जन्म लेंगे यह प्रमाण करते हैं।

जगत रे नाहीं जहीं एमंत जे सार।

जहीं पाद देले हुए जीवन जे धन्य।

नाभिगया नामे जेहुं जगत विदित।

अक्षय मंडल सेही बिरजाता नाम।

यहां महापुरुष अच्युतानंद जी स्पष्ट रूप से प्रमाण करते हैं, ब्रह्मांड में ऐसा पुण्यतम क्षेत्र कहीं नहीं है, जिस पुण्य क्षेत्र को अक्षय मंडल कहते हैं। जहां मनुष्य अपने चरण रखने से धन्य हो जाता है और उसके सारे पाप धूल

जाते हैं। उसी क्षेत्र को बिरजा क्षेत्र/ नाभिगया क्षेत्र के नाम से शास्त्र में विदित किया गया है।

इसका अर्थ नाभिगया क्षेत्र जो अखिल ब्रह्मांड में सबसे बड़ा पुण्यतम क्षेत्र है, उसी पुण्यतम क्षेत्र पर भगवान कल्कि मानव रूप धारण करके अवतार होंगे। जिस क्षेत्र की अधिष्ठात्री देवी स्वयं माता पार्वती (बिरजा देवी) हैं।

इस श्लोक में यह प्रमाण मिलता है, भारत में कई गया क्षेत्र, कई संभल नगर हैं, पर नाभिगया क्षेत्र पर जो संभल गांव है उसी जगह पर भगवान कल्कि जन्म होंगे।

महापुरुष अच्युतानंद दास जी "शिवकल्प नवम निर्घंट" ग्रंथ में लिखते हैं:-

बारण बेलकु बिहन बांटिबी
चिन्ह्री ना पारीबे केई।
लक्ष्ये पंचासी ग्रंथ बुझाइबी
संभलरे उदय होई।

इस दोहे का अर्थ यह है कि जिस समय कलियुग अंत होगा उसी समय में नाभिगया क्षेत्र, संभल पर जन्म लेकर भक्तों के उद्धार के लिए बीज

बाटूंगा। पर इस तत्व को संसार के सभी भक्त नहीं समझ पाएंगे, निंदा और परिहास भी करेंगे।

द्वारका दास जी ने "शैव पुराण उड़िया ग्रंथ" में लिखे हैं:-

कलिअर्ध गले विष्णु विष्णुदास घरे।
विष्णु जात होईबे मानब शरीरे।

आज भगवान कल्कि के अवतार की विचारधारा में बड़ा भेद है। कई शास्त्रकार बोलते हैं कि भगवान कल्कि दिव्य शरीर में आएंगे। लेकिन सभी भविष्य मालिका शास्त्र, श्रीमद् भागवत महापुराण एवं सभी संस्कृत शास्त्रों के अनुसार भगवान कल्कि मानव शरीर में ही जन्म लाभ करेंगे।

महापुरुष अच्युतानंद दास मालिका शास्त्र में स्पष्ट रूप से प्रमाण किए हैं, भगवान कल्कि नाभिगया क्षेत्र पर जो संभल ग्राम है, उसी ग्राम में मानव शरीर धारण करके जन्म होंगे।

महापुरुष अच्युतानंदन ने "कलिकल्प गीता" ग्रंथ में लिखे हैं:-

विष्णु शर्मा घरे प्रभु होईबेटी जात।
गया रे संभल नग्र हरिहर क्षेत्र।

अंधकार नाशि भक्त उदय होईबे।

निराकार उपदेशे कलमुश दहीबे।

सार सत्य मात्र तहीं होईब प्रछन्य।

किछि दिन एही धर्म रहीब गुप्तेण।

अच्युत दास बेलकु होईब बहार।

तांक संग थिबे द्वादश गोपाल।

यहां महापुरुष अच्युतानंद जी रचना किए हैं, भगवान कल्कि, विष्णु शर्मा (विष्णु भक्त) घर में जन्म होंगे। भगवान कल्कि जहां जन्म होंगे, उस स्थान पर प्राचीन समय से पितृों को पिंडदान करने वाला पवित्र गया क्षेत्र और हरिहर क्षेत्र होगा। यहां प्रमाण मिलता है महापुरुष अच्युतानंदन जी ने कहीं-कहीं स्थान पर नाभिगया और कहीं-कहीं स्थान पर गया क्षेत्र में प्रभु कल्कि जन्म होंगे यह लिखे हैं। इस विचारधारा में यही प्रमाण मिलता है, जहां नभिगया क्षेत्र है, जहां पुण्यतमा वैतरणी नदी, गंगा जी के रूप में बहती हैं, उसी बिरजा क्षेत्र/ जाजपुर पर भगवान कल्कि जन्म होंगे। उस स्थान पर बिरजा देवी के पूर्व भाग में हरिहर क्षेत्र भी विराजमान है। और जो भक्त भगवान कल्कि की शरण में आएंगे उन्हीं भक्तों के पापों का दहन भगवान निराकार उपदेश के माध्यम से करेंगे। भगवान कल्कि कुछ दिन गुप्त में भी रहेंगे और उसके बाद भगवान प्रकाश होंगे। जब कल्कि लीला शुरू होगी उसी समय जिन्होंने मालिका शास्त्र को लिखा

है (महापुरुष अच्युतानंद दास जी) द्वादश गोपालों के साथ धर्म संस्थापना में उपस्थित रहेंगे।

महापुरुष अच्युतानंद दास ने संभल नगर के बारे में "कलिकल्प गीता" में रचना की है।

गुपत संभल हरिहर पुर ग्राम।
बरज नंदन मने हेतु करी घेन।
नोहिला नोहिला बोली शुभु थिब गोड़।
खेड़ खेडुधिबे रहि मदन गोपाल।
जाजपुर पंचकोसी बिरजा मंडल।
नाभिगया बिष्णु शर्मा घरे हेब खेड़।
जाणिभाअ रामजे गुमति नाम नईं।
बटे उदय होइधिब तापासे मुहीं।
पूर्ब हेतु पालटिब बासना जागीब।
कलंकी बेलकु लीला निश्चय प्रकाशीब।

यहां महापुरुष अच्युतानंद दास जी लिखते हैं, यहां जिस गुप्त संभल की बात हो रही है, वह गुप्त संभल बिरजा देवी की पूर्व दिशा में माता बिरजा देवी के पुण्य नदी घाट (जिसका वर्णन गोमती नदी किया गया है) जिसका वर्तमान नाम हंसरेखा, इसका अर्थ है। जहां कमल का फूल

विकसित होता है वहीं पर हंस विचरण करते हैं, शास्त्रों में प्रमाण मिलता है, जहां कमल खिलते हैं वहीं पर हंस निवास करते हैं। जिसको महापुरुष अच्युतानंद जी ने कमलपुर, पद्मवन और पदम् पोखरी का नाम दिए हैं। जिस स्थान को महापुरुष अच्युतानंद दास ने कई शास्त्र में योगमाया घाट भी लिखा है। जो अभी भी माता बिरजा देवी के पुण्य घाट के रूप में उपस्थित है। उसी अति पुन्यतम हरिहर क्षेत्र में भगवान कल्कि जन्म होंगे। महापुरुष अच्युतानंद जी ने यहां लिखा है कि भगवान कल्कि, हरिहर क्षेत्र पर तो जन्म होंगे, लेकिन जब इसका प्रचार होगा तब साधारण लोग भगवान कल्कि को यह कल्कि नहीं है ऐसा बोलेंगे और उनकी निंदा भी करेंगे। उसी समय प्रभु मदन गोपाल के रूप में धर्म संस्थापना का कार्य भी करेंगे।

महापुरुष हड़िदास महाराज जी अति पवित्र भाव से माता योगमाया घाट पर प्रभु के जन्म के बारे में "भविष्य शास्त्र" में लिखे हैं:-

चारिपासे चारिबट मध्यरे श्रीबट।

अष्टगिरी घेरि मध्ये जोगमाया घाट।

सेठारे शुन्य समाधि शुन्य पुरुष

खेलिबे शिशु आकारे।

इस दोहे में महापुरुष हड़िदास महाराज ने स्पष्ट रूप से प्रमाणित किया है, भगवान कल्कि योगमाया घाट, हरिहर क्षेत्र के पास, बिरजा देवी के पूर्व भाग में शिशु रूप में जन्म होंगे।

ग्रंथ- "कलि भविष्य उदध्रति -हड़िदास रचनावली", जगन्नाथ दास जी महाराज

कमलपुररे कमल लोचन।
किंकट नग्ररे हेबू जनम।

इस दोहे का अर्थ है, जहां हरिहर क्षेत्र है, और जहां कमल का तालाब (पद्म पोखरी) है, उस स्थान को जगन्नाथ दास जी ने कमलपुर नाम दिया है। वही स्थान किंकट नगर भी है जिसको जाजनगर कहते हैं। उसी स्थान पर श्री कल्कि भगवान जन्म लाभ करेंगे।

फिर महापुरुष हड़िदास महाराज ने भगवान कल्कि का जन्म कमलपुर (जिसको पद्म पुष्करणी भी कहते हैं) वहीं पर हरिहर क्षेत्र भी है, उसी स्थान पर भगवान अवतार होंगे, यह रचना किए हैं:-

पुंणि एकईसे ग्राम नाम कमलपुर।
बिजय करीबे प्रभु बालक भाबर।

यहां महापुरुष हड़िदास महाराज लिखते हैं, वह एक ही ग्राम दुनिया में स्थित है, जिसको कमलपुर या पद्म पुष्करणी भी कहते हैं, उसी स्थान पर भगवान कल्कि, बालक रूप में विजय करेंगे।

महापुरुष शिशु अनंत महाराज **"चुंबक मालिका"** ग्रंथ में लिखते हैं:-

बिरजांक पुर्ब भागरे
पद्म पोखरी पास।
सेठारे जन्म होइले
कल्कि रुपे प्रकाश।

अर्थात माता बिरजा देवी के पूर्व भाग में जहां पद्म पुष्करणी, योगमाया घाट, हरिहर क्षेत्र है, उसी स्थान पर भगवान कल्कि अवतरित होकर प्रकाश होंगे।

फिर महापुरुष अच्युतानंद जी लिखते हैं, जाजनगर बिरजा क्षेत्र, पंचकोशी मंडल जहां नभिगया क्षेत्र है, वहीं पर विष्णु शर्मा के घर में प्रभु कल्कि जन्म होंगे और लीला करेंगे। ब्रज और चारों युगों में जो भगवान श्रीकृष्ण के भक्त हैं, उन्हीं भक्तों को पूर्व जन्म के कर्म के अनुसार भगवान के बारे में चेतना मिलेगी और धर्म संस्थापना के समय भक्त भगवान की निश्चित लीला होगी।

आम्भे नर देह जनम होइबु

उत्कल देश रे जाई।

सेठारे महिमा प्रकाश करीबू

मुनि गण मध्य रही।

फिर पंच सखाओं में अन्यतम जसवंत दास महाराज ने मालिका ग्रंथ में भगवान कल्कि के जन्म स्थान, नाभि मंडल के बारे में स्पष्ट रूप से निरूपण किया है:-

एथि मध्यरे जे गुप्त स्थान।

नाभि मंडल बोली जहार नाम।

देहबंत होई खेलिबे तंही।

गोपी गोपाल भक्तंकु लंई।

यहां महापुरुष जसवंत दास महाराज ने बताया है कि इस अखिल ब्रह्मांड में एक स्थान है, जो भारत के उड़ीसा राज्य में अवस्थित है। जिसको गुप्त स्थान कहते हैं। क्योंकि वह भगवान कल्कि का जन्म स्थान है। महापुरुष जसवंत दास जी बताते हैं, यह बड़ा गुप्त स्थान है। जिसको नाभिमंडल या मध्य देश कहते हैं। क्योंकि इस स्थान पर नाभिगया तीर्थ है। जहां पित्रों को श्राद्ध दान किया जाता है।

जब माता सती देवी के शरीर को भगवान श्रीकृष्ण ने सुदर्शन चक्र के द्वारा दक्ष यज्ञ में खंड-खंड किया था, उस समय माता सती की नाभि उस स्थान पर गिरी थी। इसलिए उस स्थान को नाभिमंडल भी कहते हैं। उसी नाभि क्षेत्र पर भगवान कल्कि, मानव शरीर में जन्म होकर बाल्य लीला, गोपी-गोपाल और चारों युगों के भक्तों के लिए करेंगे।

छतिया बट के महान संत महापुरुष हड़िदास जी महाराज ने अपने ग्रंथ **"लक्ष्मीधर विलास-हड़िदास रचनावली"** में प्रमाण किया है:-

तेणु महिमा मोर प्रकाश हेब जेऊं ठाबरे।
मणिनाग गिरी उत्तर नाभिमंडल ठारे।
सेई ठारे मोर महिमा आपे हेबि मुं जन्म।
सुणि प्राणी माने हंसिबे प्रते नजीबे मन।

यहां महापुरुष हड़ीदास जी लिखते हैं, भगवान कल्कि नाभिमंडल में जन्म होंगे। जब भगवान कल्कि के जन्म होने के बाद इसका प्रचार होगा तब सभी मानव परिहास करेंगे, और इस बात को नहीं मानेंगे कि यही भगवान कल्कि हैं।

महापुरुष अच्युतानंद दास **"ब्रह्म सारस्वत पटल"** ग्रंथ में लिखे हैं, भगवान कल्कि मानव शरीर में उत्कल (उड़ीसा) देश में संभल नगर

(बिरजा क्षेत्र) पर जन्म होंगे और जो ऋषि-मुनि पहले से मानव रूप में जन्म हुए हैं, उन्हीं मुनि ऋषियों के साथ प्रभु की महिमा प्रकाश होगी।

फिर महापुरुष अच्युतानंद दास जी **"जाईफूल मालिका"** में लिखते हैं:-

सेही बेल काल जाणि उड़ीसा रे।
प्रभु जन्मीबे पुणी लो जाईफूल।
केही तांकु माया को न चिन्हीं।

यहां महापुरुष अच्युतानंद दास लिखते हैं, जिस समय घोर पाप बढ़ जाएगा, पुत्र पिता का वध करेंगे, पुत्र द्वारा माता का वध होगा, पत्नी पति को जहर देकर मरवायेगी, और पति-पत्नी को आतताई की तरह मारेगा, धरती पर सही समय में बारिश नहीं होगी, धूप के मौसम में बाढ़ आएगी, रोग महामारी धरती को कवलित करेगी, चंद्र पर तारा का उदय होगा, विश्व में जलवायु परिवर्तन होगा, उत्तर मेरु दक्षिण मेरू पिघलेंगे, ऐसी अनजान बीमारियां आऐंगी जिसको डॉक्टर लोग पहचान नहीं पायेंगे, विश्वभर में किसान परेशान होंगे, जगन्नाथ मंदिर से ध्वजा गिरेगी, जगन्नाथ मंदिर के पूज्य राजा ठाकुर श्री श्री दिव्य सिंह देव का 47 अंक होगा, पतित पावनी वैतरणी नदी के किनारे सप्तमातृका के मुंह से खून निकलेगा, उसी समय उड़ीसा के संभल नगर (बिरजा क्षेत्र, नाभिगया

तीर्थ, योगमाया घाट, जाजनगर, जाजपुर) पर भगवान कल्कि का जन्म होगा।

फिर महापुरुष अच्युतानंद दास भगवान कल्कि का अवतार उड़ीसा में होगा इसके बारे में "ब्रह्म संहिता" ग्रंथ में वर्णन करते हैं:-

मो जात विष्णुजसा घरे।

मृत्य मंड़ल उड़ीसा रे।

इस दोहे का अर्थ है भगवान कल्कि, विष्णु यशगान करने वाले ब्राह्मण के घर में जन्म होंगे। यहां हम प्रमाण रखते हैं, भगवान वेदव्यास जी ने **"भविष्य पुराण"** में लिखे हैं, कृष्ण लीला प्रचार करने वाले (भागवत कथा करने वाले) ब्राह्मण के घर में भगवान कल्कि जन्म होंगे। वह क्षेत्र धरती पर उड़ीसा अथवा प्राचीन नाम उत्कल राज्य में स्थित है।

फिर महापुरुष अच्युतानंद दास भगवान कल्कि का अवतार उड़ीसा में होगा उसके बारे में **"भविष्य जाति पाटक गीता"** ग्रंथ में रचना किए हैं:-

होइब अनीति जहूं सकल आरत।

कलंकी प्रकाश हेबे उड़ीसा जे देश।

इसका अर्थ है जब संसार में सभी दुखी बन जाएंगे, अमीर, ज्ञानी, क्षमतावान और गरीब सब किसी न किसी कारण की वजह से दुखी होंगे। गरीब की गुहार कोई नहीं सुनेगा। सभी मनुष्य रोग बीमारी से परेशान रहने लगेंगे। किसी को धरती पर धर्म की पवित्रता नहीं मिलेगी। तब धरती पर अन्याय अनीति बढ़ जाएगी। वेद शास्त्रों को सब विरोध करेंगे। भगवान की पूजा नहीं होगी। लोग जानवरों की तरह कामना-वासना के पीछे दौड़ने लगेंगे। संसार की सबसे बड़ी शक्ति; मदिरा, जुआ, कामना-वासना, जीव-मारण, भूमि, सोना बन जाएगी। तब भगवान कल्कि सारे असुरों के विनाश के लिए उड़ीसा प्रदेश, नाभिगया क्षेत्र, संभल नगर में अवतार लेंगे।

महापुरुष अच्युतानंद दास ने **"वाल्मीकि कल्प"** नामक ग्रंथ में लिखे हैं:-

एक दिन वाल्मीकि महामुनि से सभी ऋषि-मुनियों ने प्रश्न किया। ऋषि गण बोले भगवन, कलियुग में भगवान कल्कि भारत में कहां जन्म होंगे इसके बारे में कृपा करके हमारा मार्गदर्शन कीजिए।
वाल्मीकि कल्प ग्रंथ की रचना त्रेता युग में हुई थी।
जिसे महापुरुष अच्युतानंद जी ने दिव्य ज्ञान से ऋषि मुनियों और वाल्मीकि महामुनी की विचारधारा जो कल्कि भगवान के जन्म के बारे में है उसका प्रकाश किया है:-

तुम्भकु कहिबा मुनि सुन निरंतरे।

प्रकाश होईबे प्रभु उत्कल देशरे।

यहां भगवान कपिल महामुनि के श्लोक की विचारधारा आती है।

तेसांतु प्रथमं क्षेत्रं पार्वती क्षेत्रैव च।

बिरजाख्यां महादेवी पार्वती ब्रह्मरूपिणी।

भक्तानां हितार्थाय उत्कले भुवि संस्थिता।

यहां वाल्मीकि ऋषि कहते हैं, हे मुनिगण भगवान कल्कि भारत में ही जन्म होंगे, पर भारत के उड़ीसा राज्य के उत्कल क्षेत्र जहां माता बिरजा देवी हैं, जहां नभिगया तीर्थ है, जहां हरिहर क्षेत्र है, वहीं पर भगवान कल्कि जन्म होंगे।

जो तत्व उपरोक्त श्लोक में लिखा है, उसको भगवान कपिल महामुनि भी प्रमाण करते हैं, उड़ीसा में उत्कल क्षेत्र, जहां माता बिरजा देवी, ब्रह्मदेव के द्वारा स्थापित हुई थीं। भगवान कपिल महामुनि बताते हैं, वह क्षेत्र धरती पर पहला पवित्र क्षेत्र है। जिस समय कोई युग चक्र शुरू नहीं हुआ था, उसी समय ब्रह्मदेव के द्वारा उस क्षेत्र में विश्व सृष्टि और धरती माता की रक्षा के लिए प्रथम यज्ञ किया गया था।

इस तत्व पर उड़ीसा के संत बाई कृष्ण दास ने **"भविष्य पुराण"** में भगवान कल्कि जाजनगर पर जन्म होंगे इसका प्रमाण रखे हैं:-

ब्रह्मा पोतिची शुभ खंब।

गोहिरा टिकिरी आरंभ।

मुंतहीं जनम होइबी।

गुपते दिन बंचुधिबी।

शुभ स्तम्भ

इसका अर्थ है, बिरजा क्षेत्र के संनिकट आदियुग में ब्रह्मदेव ने धरती की रक्षा के लिए यज्ञ अनुष्ठान किया था। और ब्रह्मदेव ने धरती की सृष्टि की आधारशिला के नाम पर शुभ स्तंभ (शुभ खंभ) को प्रतिष्ठा किए थे। यहां

संत बाई कृष्ण दास जी प्रमाण कर रहे हैं, जहां शुभ स्तंभ है, उसके निकट में कल्कि भगवान जन्म होंगे और वहीं से गोहिरा टिकिरा क्षेत्र का आरंभ है। भगवान कल्कि, जाजनगर में जन्म होकर गुप्त में समय बिताएंगे।

पंच सखा में अन्यतम महापुरुष शिशु अनंत दास महाराज मालिका ग्रंथ "चुंबक मालिका" में लिखा है:-

कल्कि अवतार उड़ीसा मंडल तुम्भे जनम होइब।
दुष्टजन नासि भक्तकु उस्वासि धर्मकु तुम्भे स्थापिब।
इसका अर्थ है, भगवान कल्कि का अवतार उड़ीसा में ही होगा। और भगवान कल्कि उड़ीसा के संभल पर जन्म होकर दुष्टों का विनाश करके धर्म को स्थापन करेंगे।

पंच सखाओं में अन्यतम महापुरुष बलराम दास जी ने "कलि आगत भविष्यांत" ग्रंथ में भगवान कल्कि के जन्म के बारे में प्रमाण रखे हैं:-

सुण बालिया तोते कहीं।
आम्भे जन्मिबु के ऊठांई।
तहा कहिबा तोते सुण।
से जाजपुर बोली ग्राम।

यहां महापुरुष बलराम दास ने कलि आगत भविष्यांत ग्रंथ में रचना किए हैं, कल्कि भगवान, जाजपुर जिले में जन्म होंगे। भारत में उड़ीसा राज्य में एक जिला है, जिस जिले का नाम जाजपुर है, और उसी जाजपुर में बिरजा क्षेत्र भी है, वृद्ध गंगा वैतरणी भी है, वराह क्षेत्र भी है, हरिहर क्षेत्र भी है, नाभिगया तीर्थ भी है, योगमाया घाट भी है और संभल नगर भी है। उसी जाजपुर क्षेत्र में भगवान कल्कि जन्म होंगे। यहां महापुरुष बलराम दास बड़ी पवित्रता के साथ अपने शिष्य बालिया को बताते हैं भगवान कल्कि जाजपुर में ही जन्म होंगे।

कल्कि अवतार के बारे में पंच सखाओं में अन्यतम महापुरुष जगन्नाथ दास जी ने फिर प्रमाण रखा है:-

सेठारे बैतरणी नदी
बहे आकाश नदी भेदी।
सेठारे बिरजा भुवन
गुपते अछन्ति भगवान।

यहां महापुरुष जगन्नाथ दास जी प्रमाण करते हैं, जहां बिरजा देवी, अधिष्ठात्री देवी के रूप में ब्रह्मदेव द्वारा प्रतिष्ठित हैं, उसी बिरजा क्षेत्र या बिरजा भुवन, जहां पर स्वर्ग की गंगा वैतरणी, ब्रह्म लोक से आकाश को चीरकर कर बह रही हैं, उसी स्थान पर भगवान कल्कि जन्म होकर गुप्त में लीला करेंगे।

उड़ीसा के संत सारंग दास अपने ग्रंथ **"सारंग चौतीसा"** में भगवान कल्कि का जन्म जाजपुर में होगा इसके बारे में रचना किए हैं:-

जन्म होइबु हे जाजपुर ठारे।
जन्म होइबे चंडी दक्षिण दिगरे।

इसका अर्थ है, भगवान कल्कि जाजपुर, बिरजा क्षेत्र में जन्म होंगे। और माता चंडिका देवी जाजपुर के दक्षिण दिशा में जन्म होंगीं।

फिर उड़ीसा के संत भीम भोई ने अपने ग्रंथ **"पद्म कल्प"** में भगवान कल्कि का अवतार जाजनगर पर होगा इसका प्रमाण किए हैं:-

जाजनग्रे जात हेब।
कल्कि बिष्णु बुझ धुर्ब।

इसका अर्थ है भगवान कल्कि जाजनगर पर जन्म होंगे और नाम रहेगा कल्कि विष्णु। यह वाणी परम सत्य है।

फिर एक उड़ीसा के संत ठाकुर श्री श्री अभिराम परमहंस ने अपने ग्रंथ **"गीत गोलक"** में प्रमाण किया है कि भगवान कल्कि बिरजा क्षेत्र में जन्म होंगे:-

अनंत केसरी ठाबरु राम राज्य नाहीं।
बिरजा मंडले बसिबे सिद्ध साधु सजाई।

इसका अर्थ है, भगवान कल्कि (अनंत केसरी) को छोड़कर बड़ा राम राज्य कुछ भी नहीं है। भगवान कल्कि प्रभु बिरजा क्षेत्र पर सिद्ध साधु संतों को साथ लेकर राम राज्य सृष्टि करेंगे।

फिर महापुरुष अच्युतानंद दास ने कल्कि भगवान बिरजा क्षेत्र पर जन्म होंगे इसका प्रमाण "सौराष्ट्र संहिता" ग्रंथ में रखे हैं:-

बिरजा क्षेत्रे बराहनाथ पूर्वणं सत्यवचनपालने जाजनग्रे ब्रह्म सृष्टिंच।

यहां महापुरुष अच्युतानंद जी लिखते हैं, परमब्रह्म श्री कल्कि भगवान, बिरजा क्षेत्र पर वराह नारायण के पूर्व भाग में सत्य वचन पालन करने वाले विष्णु यश के घर में अवतरित होंगे।

महापुरुष जसवंत दास महाराज भगवान कल्कि जाजनगर में जन्म होंगे उसके बारे में प्रमाण रखे हैं:-

जाजनग्रे आम्भे जन्म होइबुटि पुण।
अनेक रूपरे पुणि अबतार पुण।

यहां महापुरुष जसवंत दास महाराज प्रमाण करते हैं, जाजनगर पर कल्कि भगवान जन्म होंगे और उसके बाद भगवान अनेक अवतार लेंगे।

फिर महापुरुष अच्युतानंद दास "**ब्रह्म कल्प संहिता**" ग्रंथ में प्रमाण किए हैं, योगमाया आदिमाता '**बिरजा देवी**' नाभिगया के सन्निकट भगवान कल्कि जन्म होंगे।

जाजपुरे बिरजाई।
नाभिगया रे जन्म होई।

महापुरुष अच्युतानंद दास, भगवान कल्कि का जन्म जाजपुर में होगा इसके बारे में "**गीता तत्व नाम तत्व ब्रह्म विद्या**" ग्रंथ में प्रमाण रखे हैं:-

ओंकार अक्षर अनंत बही।
जाजपुरे पुरुषोत्तम रही।

इसका अर्थ भगवान कल्कि निराकार अनंत हैं। और जाजपुर में स्वयं पुरुषोत्तम भगवान जगन्नाथ, कल्कि अवतार ग्रहण करेंगे।
ओंकार, भगवान के निराकार रूप को वर्णन करता है, अर्थात स्वयं भगवान महाविष्णु, कल्कि रूप में जाजनगर में जन्म होंगे।

फिर महापुरुष अच्युतानंद दास, महाविष्णु बिरजा क्षेत्र पर जन्म होंगे इसका प्रमाण अपने ग्रंथ "**शिवकल्प दशम निर्घंट**" में बताए हैं:-

अखिल ब्रह्मांड कारण तारण

देब द्विज घरे जात।
बिरजा मंडल अबतरि थीबे
बिष्णु अंसे हेबे ख्यात।

इसका अर्थ है, अनंत कोटि ब्रह्मांड के कारण तारण भगवान महाविष्णु, बिरजा क्षेत्र पर देवता जैसे ब्राह्मण के घर में जन्म होंगे, और कुछ समय गुप्त में रहेंगे। फिर सारे विश्व में भगवान विष्णु के नाम पर ख्यात होंगे।

फिर महापुरुष अच्युतानंद दास अपने ग्रंथ **"भविष्य जाति पाटक गीता"** में कल्कि भगवान जाजनगर में जन्म होंगे इसका प्रमाण रखते हैं:-

जनम होइबु जाजनग्ररे।
गर्भु बहार हेबु निसाधरि।

इसका अर्थ भगवान कल्कि जाजनगर में, रात्रि के मध्य में जन्म होंगे।

फिर महापुरुष अच्युतानंद दास **"चौबीस पटल"** ग्रंथ में भगवान कल्कि बिरजा क्षेत्र में जन्म होंगे इसका प्रमाण किए हैं:-

पुणिसे बिरजा मंडले।
से ब्रह्म बसीब निरोड़े।

यहां महापुरुष अच्युतानंद जी प्रमाण करते हैं, बिरजा क्षेत्र, बिरजा मंडल पर परम ब्रह्म सच्चिदानंद शांति में निवास करेंगे।

फिर महापुरुष अच्युतानंद जी **"तत्त्व बोधिनी"** ग्रंथ में प्रमाण किए हैं, कल्कि भगवान जाजपुर में ही जन्म होंगे:-

जाजनग्र प्रभु जनम हेबे।
जनम होइबे ब्राह्मण भाबे।

इसका अर्थ है जाजनगर, बिरजा क्षेत्र पर भगवान कल्कि मानव रूप में ब्राह्मण कुल में जन्म होंगे।

महापुरुष शिशु अनंत महाराज ने मालिका ग्रंथ में भगवान कल्कि बिरजा क्षेत्र पर जन्म होंगे इसका प्रमाण किया है:-

जाजपुर ग्राम बिरजा स्थान।
खेलिबे प्रभु देब भगवान।

यहां महापुरुष शिशु अनंत महाराज अति भक्ति भाव से प्रमाणित करते हैं, जो जाजपुर गांव है, जहां बिरजा देवी सिंहासन पर विराजमान हैं, उसी स्थान को जाजपुर गांव प्रमाणित करते है। उसी स्थान पर भगवान कल्कि अवतार लेंगे और मानव लीला करेंगे।

कल्कि भगवान कहां जन्म होंगे इसके बारे में महापुरुष अच्युतानंद जी ने "हरि अर्जुन चौतीसा" नामक ग्रंथ में रचना की है:-

जेते बेले नीलांचल छाड़ी आम्भे जीबू।

जाजपुर विप्र घरे जनम होईबू।

जागिधिबु जे जेते पुछिले न कहिबू।

इस दोहे का अर्थ है कि जब भगवान कल्कि नीलांचल क्षेत्र (जगन्नाथ धाम) छोड़कर जाएंगे तब जाजनगर वर्तमान नाम जाजपुर में ब्राह्मण घर पर जन्म होंगे। और कोई भी लोग प्रभु को अवतार की महिमा के बारे में पूछेंगे तो प्रभु किसी को कुछ नहीं बताएंगे।

नित्य पंच सखाओं के भविष्य मालिका के हर ग्रंथ में यही लिखा है, भगवान कल्कि ब्राह्मण घर में जाजपुर/ जाजनगर, बिरजा क्षेत्र में जन्म होंगे।

फिर उड़ीसा के संत बाईकृष्ण दास "भविष्य पुराण" में लिखते हैं:-

बैतरणी उत्तर दिगरे।

जन्मीबु महुरा नबरे।

पुणि महुरा नग्ररे जनम।

जाजनग्र मध्यरे।

अर्थात वैतरणी नदी के उत्तर में महुरा नगर जो जाजनगर के अंदर है, उसी जाजनगर में भगवान कल्कि जन्म होंगे।

फिर महापुरुष जगन्नाथ दास जी ने भगवान कल्कि के अवतार के बारे में "भक्ति चंद्रिका" ग्रंथ में रचना किए हैं:-

किंकट नग्ररे जनम होइबी।
कल्कि अबतार रूप होइबी।

इस दोहे का अर्थ है, यहां महापुरुष जगन्नाथ दास जी बताते हैं कि वह किंकट नगर जाजनगर का एक नाम है, उसी स्थान पर भगवान कल्कि अवतरित होंगे।

"कल्प टीका" ग्रंथ में महापुरुष अच्युतानंद जी ने भगवान कल्कि बिरजा क्षेत्र में अवस्थान करेंगे इसकी रचना की है:-

अनंत किशोरी आपे दैइतारी
सेही प्रभु जगन्नाथ।
कटकरू पुर्णिं अंतर होईण
बिरजा क्षेत्रे आगत।

अर्थात भगवान जगन्नाथ, पुरी कटक (नीलांचल क्षेत्र) छोड़कर बिरजा क्षेत्र में कल्कि रूप में जन्म होकर बाल्य लीला करेंगे।

फिर महापुरुष अच्युतानंद **दास "तेर जन्म शरण"** नामक ग्रंथ में भगवान कल्कि का अवतार बिरजा क्षेत्र में होगा इसका प्रमाण किए हैं:-

सत्य रे अनंत पंचाक्षर स्थित
ग्राम नाम मोर धुब।
जाणिबु तु राम आसि पहुंचिले
देखिबु कलंकि देब।

अर्थात यहां महापुरुष अच्युतानंद जी प्रमाण कर रहे हैं, जहां प्रभु कल्कि जन्म होंगे उस क्षेत्र का नाम पांच अक्षर में होगा (बिरजा क्षेत्र)। महापुरुष अच्युतानंद जी अपने परम शिष्य रामदास को कहते हैं, जिस समय वही पांच अक्षर ग्राम बिरजा क्षेत्र पर प्रभु जन्म होंगे तू समझ लेना कि वही भगवान कल्कि हैं।

फिर महापुरुष अच्युतानंदन जी ने **"पट्टा मड़ाण"** ग्रंथ में भगवान कल्कि और महापुरुष अच्युतानंद जी के 13 वें जन्म के अवतार के समय में कैसे मिलन होगा और उसके बाद भगवान कल्कि जाजनगर में जन्म लेंगे इसके बारे में रचना किए हैं:-

दिनबांधव माधवंकर

जेहूं दिन होईजिब भेट।

दस दारूरे जे फिटी जिब

पराए सार द्वार कबाट।

गदे पद्म धारी एमंत कालरे

बिष्णुजसा बिप्रघरे।

जनमिबे प्रभु गुपते जाईंण

परासे जाजनग्ररे।

यहां महापुरुष अच्युतानंद जी लिखते हैं, जिस दिन महापुरुष अच्युतानंद दास का भगवान विष्णु कल्कि के साथ मिलन होगा। उसके बाद भगवान कल्कि, महापुरुष अच्युतानंद जी की ब्रह्म शक्ति को अपहरण करेंगे और उसके बाद महापुरुष अच्युतानंद जी को परम गति की प्राप्ति होगी। तत्पश्चात् भगवान कल्कि जाजनगर पर मानव शरीर में जन्म होंगे।

महापुरुष हड़िदास "हड़िदास रचनावली" ग्रंथ में कल्कि भगवान जाजनगर पर जन्म होंगे इसके बारे में प्रमाण रखे हैं :-

जन्म होइबे प्रभु सत्यवति पुरे।

जगिबसि छन्ति सिद्ध पीठर ऊपरे जाजपुर हे।

जागिछन्ति अक्रूर सेठारे हे।

इस दोहे का अर्थ है, भगवान कल्कि, सत्यवती क्षेत्र अथवा योगमाया बिरजा क्षेत्र में जन्म होंगे। उस क्षेत्र का नाम जाजपुर है। उसी स्थान पर भगवान के द्वापर युग के भक्त अक्रूर जी भी महाप्रभु श्री कल्कि जी के इंतजार में हैं।

महापुरुष अच्युतानंद **"वाल्मीकि कल्प"** नाम के ग्रंथ में भगवान कल्कि सुमन क्षेत्र (बिरजा क्षेत्र) पर जन्म होंगे और कुछ भक्त उनको देखकर परिहास करेंगे, यह वर्णन किए हैं।

समन क्षेत्ररे प्रभु गुप्तरे थिबे।
थोकाए देखिण तांकु हास्यरे मातिरे।

यहां महापुरुष अच्युतानंद ने जिस बिरजा क्षेत्र को सुमन क्षेत्र बताया है, और महापुरुष अच्युतानंद ने **"महामहिम पद्माटीका सागर"** में प्रमाण दिया है, जो सुमन क्षेत्र है, वही क्षेत्र नाभिगया क्षेत्र है।
इसका प्रमाण नीचे दोहे में दिया गया है:-

गया नाभि क्षेत्र समन भुंई।
बालिया सामंत बुधेइ नई।

महापुरुष अच्युतानंद "कलिकल्प गीता" शास्त्र में बताए हैं जिसको हरिहर क्षेत्र या हरिहर छत्र कहते हैं, उसी स्थान को भगवान कल्कि गमन करेंगे और कल्कि रूप में प्रकाश होंगे।

हरिहर क्षेत्र संभल ग्राम।
सेठाकु प्रभु करिबे गमन।

एक दिन की बात है द्वादश गोपालों ने महापुरुष अच्युतानंद जी को पूछा, संभल नगर के बारे में बहुत प्रमाण मिले है लेकिन भक्त लोगों के उद्धार के लिए एक सुंदर और सरल प्रमाण रखें जिसको पढ़कर भक्त और भगवान का मिलन आसान हो जाएगा और भक्तों का उद्धार हो जाएगा।

यहां महापुरुष अच्युतानंद जी **"बिरजा महात्म्य"** ग्रंथ में संभल नगर के बारे में स्पष्ट प्रमाण रखते हैं:-

सुण बारसुत निहार बचन ए अटे अच्युत ठार।
नाभिगया तीर्थे हरिहर क्षेत्र ग्रामटि संभलपुर।

इस दोहे का अर्थ है, महापुरुष अच्युतानंद जी कह रहे हैं, हे द्वादश गोपाल, मैं भगवान कल्कि के जन्म स्थान संभल नगर के बारे में स्पष्ट प्रमाण

रखता हूं। यह सत्य के वचन हैं। उड़ीसा के जाजपुर जिले में जहां बिरजा क्षेत्र है वहीं पर नाभिगया तीर्थ है। और नाभिगया तीर्थ के पूर्व भाग में हरिहर क्षेत्र है। जो नाभिगया तीर्थ से करीब ८०० मीटर दूर है। वही क्षेत्र जहां हरि (भगवान विष्णु) और हर (भगवान शिव) एक मंदिर में जित हैं। जहां योगमाया माता बिरजा देवी का पवित्र योगमाया घाट है। वही क्षेत्र गुप्त संबल है। उसी स्थान में भगवान महाविष्णु का दशम अवतार भगवान कल्कि अवतरित होंगे।

हरि हर क्षेत्र

महापुरुष अच्युतानंद जी **"कल्प टीका"** नामक एक ग्रंथ में प्रमाण किए हैं, जिस स्थान को जाजनगर, गोहिरा टिकिरा और किंकट नगर कहते हैं, वही स्थान बिरजा मंडल या बिरजा क्षेत्र नाम से विख्यात है।

फिर पंच सखाओं ने स्पष्ट किया है:-

नीलचक्र नेत खसिब प्रभु रंगा अधर।

जाजनग्र जाई जन्मीबे बिष्णु भक्त ग्रहर।

इसका अर्थ है, जिस समय जगन्नाथ मंदिर से पहली ध्वजा पतित पावनी गिरेगी उसी समय भगवान कल्कि नीलांचल क्षेत्र (जगन्नाथ धाम) छोड़कर दारू ब्रह्मा (निराकार ब्रह्म) से साकार ब्रह्म (मानव शरीर) धारण करके जाजनगर के बिरजा क्षेत्र पर एक विष्णु भक्त के घर में अवतार लेंगे।

कल्कि अवतार के बारे में उड़ीसा में अवतरित हुए नित्य पंच सखाओं ने भगवान कल्कि के जन्म स्थान को बताने के लिए कई नाम का उच्चारण किए हैं, पर सभी नामों का अर्थ एक ही है।

भविष्य मालिका में जो नाम भगवान कल्कि के जन्म स्थान के लिए लिए गए हैं जैसे; जाजनगर, जाजपुर ग्राम, बिरजा स्थान, नभिगया क्षेत्र, नाभिमंडल, हरिहर क्षेत्र, योगमाया घाट, बिरजा मंडल, बिरजा क्षेत्र, वराह क्षेत्र, वैतरणी नदी तट, बिरजा भुवन, गोहिरा टिकिरा, कमलपुर, आदि

इन सभी नामों को पंच सखाओं ने भगवान कल्कि के जन्म स्थान के लिए प्रयोग किए हैं। पर इन सब नामों का संबंध एक ही स्थान से है। वह है बिरजा क्षेत्र, जाजपुर, उड़ीसा।

अध्याय - 10

मिश्र ब्राह्मण

महापुरुष अच्युतानंद दास ने भगवान कल्कि का अवतार मिश्र ब्राह्मण के घर होगा इस बारे में **"महामहिमा पद्माटीका सागर"** ग्रंथ में स्पष्ट प्रमाण दिया है:-

एमन्त घोर तम देखि हरि।

कलंकी रुपे हेबे अबतारी।

बैकुंठ तेजिण श्री जगन्नाथ।

संभल ग्रामे होइब उदित।

बिष्णुजसा बिप्र गंगा तिररे।

तार नारी जशोबंती ग्रभरे।

द्वादश मासर प्रभु जन्मीण।

जात कर्म सारि से किछि दिन।

यहां महापुरुष अच्युतानंद लिखते हैं, घोर कलि यानी कलियुग का जब अंतिम पर्याय का अंत होगा, तब भगवान जगन्नाथ आदि बैकुंठ क्षेत्र को छोड़कर संभल ग्राम में मानव शरीर में अवतरित होंगे।

महापुरुष अचुतानंद दास ने फिर लिखा है भगवान कल्कि के पिता भगवान महाविष्णु का यशगान करने वाले होंगे।

यहां हम भविष्य पुराण से एक प्रमाण लेते हैं, जिस भविष्य पुराण के पेज नंबर 380 में भगवान व्यास देव ने भगवान कल्कि के पिता कृष्ण लीला ग्रंथ को प्रचार करने वाले होंगे और उनके पुत्र के रूप में भगवान कल्कि जन्म लेंगे, इसकी रचना की थी, और जो प्रभु के पिता होंगे वही कश्यप ऋषि होंगे यह भी भविष्य पुराण में रचना है।

कश्यप ऋषि को उस समय असुर और उपद्रव ग्रस्त लोग बिना कारण से जेल में डालेंगे उसके बाद भगवान कल्कि उनके घर में जन्म होंगे। जो प्रमाण भविष्य पुराण शास्त्र में मिलता है वही प्रमाण महापुरुष अच्युतानंद दास के मालिका शास्त्र में भी मिलता है।

विष्णु यश की पत्नी का नाम जसोवंती होगा और भगवान कल्कि मातृ गर्भ में 12 महीने रहकर, गंगा के किनारे धरती पर जन्म होंगे।

यहां समझने का विषय यही है, सभी विचारधारा में यह विचार होता है, भगवान कल्कि के पिता का नाम विष्णु यश होगा। परन्तु विष्णु यश उपनाम सरनेम में भारत के सामाजिक जाति व्यवस्था में 'यश' जैसा कोई उपनाम नहीं है। कोई ब्राह्मण का यश उपनाम भारतीय सामाजिक जाति व्यवस्था में नहीं है। इसका आधारित तत्व भविष्य मालिका में भी मिलता है। जो महापुरुष शिशु अनंत दास और भक्त सालबेग ने मालिका शास्त्र में प्रमाण दिए हैं। भगवान कल्कि मिश्र उपनाम धारी ब्राह्मण के घर में

जन्म होंगे। वही मिश्र उपनाम धारी ब्राह्मण कृष्ण लीला ग्रंथ (भागवत कथा) करने वाले होने चाहिए जिनके घर में भगवान कल्कि जन्म होंगे।

भगवान कल्कि "मिश्र" उपनाम धारी परिवार में जन्म होंगे इस बारे में महापुरुष शिशु अनंत दास ने प्रमाण किए हैं:-

सुन हे बारंग कहिबा से रंग प्रभु अबतार स्थान।
श्री बिरजा क्षेत्रे जनमे लभीबे अनंत मिश्र ग्रहेण।

"**चुंबक मालिका**" में शिष्य बारंग, अपने गुरु महापुरुष शिशु अनंत महाराज को पूछते हैं, भगवान कल्कि का जन्म कहां होगा? यहां महापुरुष शिशु अनंत महाराज अपने शिष्य बारंग को स्पष्ट कर रहे हैं; भगवान कल्कि आदि योगमाया क्षेत्र, बिरजा क्षेत्र पर मिश्र ब्राह्मण के घर में जन्म लाभ करेंगे। इसका हम स्पष्ट प्रमाण रखते हैं, कल्कि भगवान भारत में ब्राह्मण के घर में जन्म तो होंगे पर मिश्र उपनाम धारी भागवत कथा करने वाले ब्राह्मण के घर में बिरजा क्षेत्र (संभूत संभल) में जन्म होंगे। क्योंकि स्वयं भगवान वेदव्यास ने भविष्य पुराण में स्पष्ट किया है कि भगवान कल्कि के पिता कृष्ण लीला ग्रंथ (भागवत कथा) का प्रचार करने वाले होंगे।

और एक मालिका ग्रंथ जिसको **"मुस्लिम भक्त सालबेग"** ने लिखा है, उसमें उन्होंने बताया कि भगवान कल्कि, वैतरणी नदी के किनारे, मिश्र उपनाम धारी ब्राह्मण परिवार में जन्म होंगे:-

जाजनग्र बोली जाण।

बैतरणी नदी तीर पुण।

बिरजा शासन पाख्खर।

पूर्व भागरे आडंबर।

विप्र मिश्र ब्राह्मण घरे।

ताघरे जनम श्रीधरे।

यहां भगवान जगन्नाथ जी के मुस्लिम भक्त सालबेग बता रहे हैं, भगवान कल्कि जाजनगर जिसका वर्तमान नाम बिरजा क्षेत्र अथवा जाजपुर है, जहां वैतरणी नदी प्रवाहित होती है, और बिरजा देवी ब्राह्मण शासन के पूर्व भाग में मिश्र ब्राह्मण घर में भगवान जन्म होंगे।

महापुरुष अच्युतानंद ने **"पद्म कल्प"** नामक एक ग्रंथ में भगवान कल्कि बिरजा क्षेत्र पर जन्म होंगे और अनंत मिश्र (अंग से) ब्राह्मण के घर में जन्म होंगे इसकी रचना की है:-

बिरजा मंडल जे महुरा ग्राम सार।
अनंत मिश्र बिरजे जात चक्रधर।

यहां महापुरुष अच्युतानंद जी प्रमाण करते हैं, बिरजा मंडल, महुरा ग्राम है, और मिश्र ब्राह्मण के घर में भगवान कल्कि अवतार ग्रहण करेंगे।

और एक भविष्य शास्त्र लिखने वाले उड़ीसा के महापुरुष बाई कृष्ण दास "कलि भविष्य ग्रंथ" में लिखते हैं, भगवान कल्कि वैतरणी नदी किनारे उत्तर भाग में मिश्र ब्राह्मण के घर में अवतरित होंगे:-

बैतरणी उत्तर तीर रे।
जन्म होइबु सेठारे।
अनंत मिश्र बोलि नाम।
दुर्बादल श्यामल बर्ण।
अति दरिद्र विप्र सेही।
अन्न बसन नमिलई।
भिक्षा मांगई निति निति।
एरूपे उदर पोसंती।
सेग्रह करिथिब जंहीं।
शमशान भूमि से अटई।

यहां महापुरुष बाई कृष्ण दास बता रहे हैं, भगवान कल्कि वैतरणी नदी तट के उत्तर भाग में मिश्र ब्राह्मण घर में जन्म होंगे। भगवान कल्कि के पिता के पिता का नाम 'अनंत मिश्र' होगा। उनका वर्ण श्यामल (सांवला) रहेगा। भगवान कल्कि कुछ समय रहने के लिए शमशान भूमि का अवस्थान करेंगे।

अध्याय - 11

भगवान श्रीकृष्ण और बलराम का समायोजन

भगवान कल्कि के शरीर में भगवान कृष्ण और बलराम का समायोजन होगा इस विषय में महापुरुष अच्युतानंद दास ने अपने ग्रंथ "सिद्ध कहाली" में प्रमाण रखे हैं:-

जाजनग्ररे जन्मीबे आपण।
दक्षिणे भाई बलराम।

इसका अर्थ है कि भगवान कल्कि जाजनगर पर जन्म होंगे और बलराम भाई उसी शरीर के दक्षिण भाग में रहेंगे।

इस विषय में फिर महापुरुष अच्युतानंद जी ने लिखा है, भगवान कल्कि जिस शरीर में आएंगे उस शरीर में भगवान बलराम और कृष्ण समाहित हैं:-

बलराम भाईटी दक्षिण स्कंदे रहिबे।
बाम अंग चक्रधर स्तंभुत होइबे।

इसका अर्थ है, कल्कि भगवान के दाहिने अंग में भगवान बलराम और बाएं अंग में भगवान कृष्ण रहेंगे।
महापुरुष अच्युतानंद जी "**वाल्मीकि कल्प**" ग्रंथ में भगवान कल्कि के शरीर का वर्णन किए हैं:-

दहांण अंगरे बलदेबटि रहीबे।
बाम भागरे चक्रधर स्तंभुत होइबे।

इसका अर्थ भगवान कल्कि के दाहिने भाग में बलराम भैया और बांए भाग में श्रीकृष्ण रहेंगे और कृष्ण-बलराम का समाहार एक शरीर में होगा।

इसके बारे में महापुरुष अच्युतानंद जी ने फिर लिखा है:-

कमला केतकि फूल
दुई भाईकर होइब मेल
संसार लागिब गोल।

यहां मालिका शास्त्र में लिखा है कि जिस समय कृष्ण-बलराम एक शरीर में पूर्ण शक्ति में प्रकाश होंगे उसी समय तृतीय विश्व युद्ध लगेगा।

कडा धडा घोड़ा चढिलो बउल कडा धडा घोड़ा चढी।
कृष्ण बलराम म्लेच्छ संहारिबे बार हात खंडा धरी।

इसका अर्थ है कृष्ण बलराम एक शरीर में कल्कि रूप धारण करके, 12 हाथ की तलवार पकड़कर, सफेद और काले रंग के घोड़े के ऊपर बैठकर, सारे विश्व को भ्रमण करके, मलेच्छों का संहार और धर्म संस्थापना करेंगे।

अध्याय - 12

धवल गिरि में भगवान कल्कि

भगवान कल्कि उड़ीसा के गुप्त संभल में जन्म होने के बाद धवल गिरि (व्यास नगर) में कुछ समय के लिए विश्राम करेंगे इसके बारे में पंच सखाओं ने प्रमाण रखे हैं।

महापुरुष अच्युतानंद **"गरुड़ गोर्विंद गीता"** में रचना किए हैं, भगवान कल्कि जन्म होने के बाद अपने जन्म स्थान को परित्याग करेंगे:-

रुक्मणि बचन सुणि अच्युत।
करिबु बिजे धबल पर्बत।

यहां महापुरुष अच्युतानंद दास जी कह रहे हैं, भगवान श्रीकृष्ण, द्वापर युग में माता रुक्मणी को बताए थे, मैं जब कल्कि अवतार ग्रहण करूंगा उसी समय अपने जन्म स्थान को छोड़कर व्यास नगर स्थित धवल पर्वत पर निवास करूंगा। इस समय धवल पर्वत का नाम धवलगिरी क्षेत्र है।

फिर महापुरुष अच्युतानंद दास **"ब्रह्म कल्प गीता"** ग्रंथ में बताए हैं, भगवान कल्कि जन्म होने के बाद धवलगिरि पर निवास करेंगे, जहां दुर्योधन आकर प्रभु के दर्शन करेंगे:-

पुणि प्रभु बीजे करिधिबे धवल गिरिरे।
मान गोर्विंद भेटिब प्रभुक सेठारे।

महापुरुष अच्युतानंद दास मालिका शास्त्र में लिखे हैं, भगवान कल्कि जाजनगर पर जन्म तो होंगे, लेकिन जन्म होने के कुछ वर्ष के बाद बिरजा क्षेत्र को छोड़कर धवलगिरी क्षेत्र पर निवास करेंगे। जिसको भगवान व्यास का क्षेत्र कहते हैं। उसी धवलगिरी क्षेत्र में प्रभु छुपने के लिए आएंगे और महाप्रभु कल्कि उसी स्थान पर भक्तों के सामने प्रकाश होंगे।

धिरवाणि अच्युतीर,
धवल केतन गिरी शिखर,
धरा पडिबेटि सेठि चोर।

फिर पंच सखाओं ने लिखे हैं:-

जन्म होईबु संभलपुरे।
रहिबु जे आसि जाजपुररे।

अर्थात भगवान कल्कि बिरजा क्षेत्र संभल में जन्म होने के बाद जाजपुर से करीब ३० किलोमीटर दूर जिसको जाजपुर रोड या व्यास नगर कहते हैं, उसी क्षेत्र में कुछ दिन के लिए निवास करेंगे।

अध्याय - 13

भगवान कल्कि की बाल्य लीला

भगवान कल्कि, हर युग की तरह इस युग में भी बाल्य लीला करेंगे। भगवान कल्कि की बाल्य लीलाओं बारे में मालिका शास्त्र में निम्नलिखित वर्णन है।

महापुरुष अच्युतानंदन ने **"तेर जन्म शरण"** नामक ग्रंथ में लिखे हैं:-

जे काले अनंत गोपालंक लीला मृत्यपुरे प्रकाशिब।
अनंत भक्तरे धरी खेलुधिब 'ब' अक्षरे ग्राम धुब।

अर्थात भगवान कल्कि (अनंत गोपाल) की मृत्य लोक पर बाल्य लीला होगी। उसी समय भगवान कल्कि अनंत भक्तों के साथ 'ब' अक्षर गांव (बिरजा क्षेत्र) पर लीला करेंगे।

महापुरुष अच्युतानंद **"वाल्मीकि कल्प"** ग्रंथ में लिखते हैं, भगवान कल्कि एक साथ दोनों लीला कैसे करेंगे:-

जुगासने थीबे एका प्रभु नारायण।
लीला करुधिबे भक्त मानंक संगेण।

इसका अर्थ है, भगवान कल्कि जिस समय योगासन पर योगारूढ़ होंगे (तपस्या करेंगे), उसी समय एक साथ में भक्तों के साथ लीला भी करेंगे।

महापुरुष अच्युतानंद जी ने **"तेर जन्म शरण"** नामक ग्रंथ में भगवान कल्कि की लीला के बारे में रचना किए हैं:-

बंध्या प्रसिब मारिले मुहाथ गाई कंचा देब खीर।
प्रकाश नोहिब बिभुति आंभर देखिबे अल्प नर।

यहां महापुरुष अच्युतानंद जी बता रहे हैं, भगवान कल्कि की कृपा से बंध्या नारी की संतान होंगी और छोटी-छोटी गौमाता भी दूध प्रदान करेंगी। भगवान कल्कि की महिमा प्रकाश तो होगी पर बहुत कम लोग इसके बारे में जानेंगे।

महापुरुष जगन्नाथ दास **"उद्धव चौतीसा"** ग्रंथ में रचना किए हैं:-

चोर प्राये पुण अबनि भ्रमिण
चेता कराईबा पांई।
चांहि जक जक निंदु थिबे लोक
ए किंपा से प्रभु होई।

इसका अर्थ है, भगवान कल्कि को बहुत निंदा सहनी पड़ेगी। मानव रूपी असुर कल्कि भगवान के साथ लड़ाई करेंगे और भगवान कल्कि जान बूझकर अपनी वैष्णव शक्ति को गुप्त रखकर साधारण मानव की तरह धरती को पर्यटन करेंगे। मानव रूपी असुर भगवान कल्कि का परिहास करेंगे और बोलेंगे यह कल्कि भगवान नहीं है।

महापुरुष हडिदास "कलि चौतीसा" ग्रंथ में भगवान कल्कि के नर देह धारण के विषय में रचना किए हैं:-

नारायण स्वयं प्रकाश नर देहरे गोप्य।
लीला बेलकु से होइबे नील धवल रूप।

इस दोहे का अर्थ यही है कि भगवान नारायण स्वयं मानव रूप धारण करके कल्कि के रूप में जन्म होंगे और साधारण मानव की तरह जीवन यापन करेंगे। सन्यासी का कोई चिन्ह वर्ण उनके शरीर में नहीं रहेगा। भगवान कल्कि गृहस्थ जीवन यापन करेंगे। जिस समय कल्कि लीला आरंभ होगी उसी समय भगवान कल्कि का शरीर श्वेत और नील वर्ण हो जाएगा।

फिर मालिका शास्त्र में महापुरुष जगन्नाथ दास जी लिखते हैं:-

तेरा जन्मकर कलिलागिधिब तरकिबे भक्तगण।

बिरजा क्षेत्ररे लीला लागिधिब न जाणिबे दुष्ट गण।

यहां महापुरुष जगन्नाथ दास जी बताते हैं कि सारे भारत में 13 कल्कि आत्म प्रकाश करेंगे। पर सच में वह 12 कल्कि दुष्ट मानव हैं। प्रकृत कल्कि बिरजा क्षेत्र में जन्म होंगे और वही विश्व में धर्म संस्थापना करेंगे।

मालिका शास्त्र में महापुरुष जगन्नाथ दास ने भगवान कल्कि की लीला के बारे में लिखे हैं:-

हरिहर क्षेत्र संभल नगर।

निश्चय बिजय प्रभु शंख चक्रधर।

पतित पावन यात्रा भेड़बे आपण।

ध्वजा उड़ाइबे प्रभु देखिब नयन।

नीलांचल यात्रा पुणि पड़िया होइब।

दारू ब्रह्म मूर्ति रूपे तहीं पूजा पाऊथीब।

नुआपाटणारे ध्वजा उड़िबटि जाण।

निकट बेलकु हेजि रखि थाअ मन।

टाड़ होई न रहिबे संसार रे केई।

टड़ टड़ हेऊथिब सप्त द्वीप मही।

महिमा प्रकाश हेब संबल नग्ररे।

निश्चय पताका बांधिबु निलचक्र परे।

चलि जीब कलि गोड़ उपजीब बाबू।

मीन शनि होई थिब गुपत रखिबू।

यहां महापुरुष अच्युतानंद दास (नित्य पंच सखा) बता रहे हैं, जहां संभल नगर पर हरिहर क्षेत्र अवस्थित है, वहीं पर प्रभु कल्कि विराजमान होकर पतित पावन यात्रा करेंगे। उस समय जगन्नाथ क्षेत्र में रथ यात्रा नहीं होगी। उसी समय उड़ीसा में नुआपाटणा एक स्थान है, जहां पर कल्कि भगवान की ध्वजा उड़ेगी तब धर्म संस्थापना समय निकट होगा। और सारे विश्व में जितने भी गर्भी, अहंकारी, ज्ञानी और घमंडी लोग हैं, प्रभु कल्कि किसी का भी घमंड नहीं रखेंगे। उसी समय सारे विश्व में (सप्त महाद्वीप में) बार बार भूकंप होगा। भगवान कल्कि की महिमा सारे विश्व में प्रकाश होगी। संभल नगर पर भगवान कल्कि की ध्वजा फहरेगी। उसी समय विश्व युद्ध भी चल रहा होगा। यह सब मीन शनि चलन से शुरू होगा। 29 मार्च 2025 शाम 5:30 पर मीन राशि पर शनि ग्रह का चलन होगा और उसी दिन से धर्म संस्थापना कार्य आगे बढ़ेगा।

षड़ बर्ष नंदीघोष यात्रा जे नोहिब।

नौ बर्ष पृथ्वी देवी होइबे मौउन।

इसका अर्थ आगे 6 वर्ष के लिए, जगन्नाथ जी की पतित पावन रथ यात्रा बंद होगी। 9 वर्ष तक धरती पर अनाज और खाद्यान्न सृष्टि नहीं होगा। महापुरुष अचुतानंद दास ने **"कलि कल्प गीता"** ग्रंथ में ज्योतिष गणना के बारे में लिखा है:-

ज्योतिष मानेजे जोग बणा हेबे मेघकु जाणिं कहिबे।
निछा प्रतिछा जे काहार नधिब इन्द्र उपाणियां हेब।

महापुरुष लिखते हैं, ज्योतिषों की गणना सही नहीं होगी। ज्योतिष लोग गणना तो समय को देख कर करेंगे पर उसका प्रभाव और सत्यता प्रमाणित नहीं होगी। उसी समय इंद्र देव, भगवान की लीला से सारी धरती पर अपनी इच्छा से कार्य करेंगे।

अध्याय - 14

भगवान कल्कि का भुवनेश्वर में सामाजिक रहन-सहन

विभिन्न मालिका शास्त्रों में भगवान कल्कि उड़ीसा प्रदेश की राजधानी भुवनेश्वर (एकाम्र वन) में रहेंगे इसके बारे में रचना है।

जे दिन बिरजा स्थान छाडिबे भीमसिंह नाद हेब।
गर्भ स्थित शिशु भूमिले पडिले भुवनेश्वर को जीब।

उपर्युक्त दोहे का अर्थ है, जिस दिन माता बिरजा देवी सिंहासन छोड़ेंगी, उसके बाद भगवान कल्कि धारा अवतरण करेंगे। कल्कि भगवान के जन्म होने के समय देवता सिंहनाद करेंगे और कल्कि भगवान के अवतार का संकेत देंगे। भगवान कल्कि जन्म होने के बाद भुवनेश्वर में आश्रम बनाकर अवस्थान करेंगे।

यह गुप्त तत्व महापुरुष अच्युतानंद दास जी "भविष्य मालिका" शास्त्र में लिखे थे।

शिशु अनंत महाराज ने **"उदय बाखर"** ग्रंथ में लिखा है कि भगवान कल्कि का जन्म तो संभल क्षेत्र पर होगा, पर जहां भगवान कपिल महामुनि ने आश्रम बनाया था उड़ीसा के भुवनेश्वर (बिंदु सरोवर), उसी स्थान में भगवान कल्कि आश्रम बनाएंगे।

कपिल मुनि लिंगराज आश्रमरे
सेठारे करीबु नबर।

फिर महापुरुष अच्युतानंद जी ने **"तेर जन्म शरण"** नामक ग्रंथ में भगवान कल्कि के सामाजिक रहन-सहन के बारे में रचना की है:-

सन्यासीर चिन्ह किछिन रहीब
तो आगे देलु कही।

अर्थात भगवान कल्कि आम मानव की तरह जीवन बिताएंगे। कोई साधु संत वेशभूषा धारण नहीं करेंगे। भगवान कल्कि कलियुग की शिक्षा पद्धति को भी अनुसरण करेंगे। लेकिन जब कल्कि लीला शुरू होगी तब भगवान कल्कि विद्या अध्ययन को स्कूल नहीं जाएंगे।

इसके बारे में महापुरुष अच्युतानंद दास ने **"तेर जन्म शरण"** ग्रंथ में फिर रचना किए हैं:-

बेनि रूप हेबी विद्या न पड़िबी सर्व विद्या प्राप्त।
अनंत माधव लीला करूधिबे एकाम्र बनरे धुब।

यहां महापुरुष अच्युतानंद दास जी ने फिर वर्णन किया है, भगवान कल्कि सामाजिक जीवन में विद्या अध्ययन करेंगे (स्कूल कॉलेज में पढ़ेंगे), पर जिस समय धर्म संस्थापना कार्य शुरू हो जाएगा तब भगवान कल्कि विद्या अध्ययन के लिए स्कूल नहीं जाएंगे, और उस समय भगवान कल्कि उड़ीसा के भुवनेश्वर को छोड़ देंगे।

"कलिआगत भविष्य" ग्रंथ में महापुरुष जगन्नाथ दास जी लिखते हैं, भगवान कल्कि धरती पर भ्रमण करेंगे, लेकिन किसी को पहचान नहीं देंगे, और भारत के हर राज्य में भिक्षा भी मांगेंगे और भक्त लोगों के आर्थिक सहयोग से धर्म प्रचार कार्य करेंगे।

मही भ्रमिबु जे चिन्हा न देई।
राज्ये राज्ये भिक्षा मांगिबु जाई।

अर्थात भगवान कल्कि किसी को पहचान तो नहीं देंगे पर धर्म प्रचार के लिए राज्य राज्य से भिक्षा मांगेंगे।

फिर महापुरुष शिशु अनंत महाराज ने "चंद्रकल्प टीका" नामक ग्रंथ में भगवान कल्कि के ग्रहस्थ धर्म के बारे में रचना की है:-

गृहस्थ धर्मरि रहिधिबे छपि
बेले प्रकाश होइब।
गोपांगना नारि थिबे ताहांकरि
ग्रहण सेबा करिबे।
एरुपे गोपाल अनेक अनेक
होइबेटि मिसा मिसी।
प्रभुर महिमा बसि गुणुधिबे
पुहाई देबटि निसि।

इस दोहे का अर्थ है, भगवान कल्कि ग्रहस्थ धर्म में छुप कर रहेंगे। बहुत कम लोगों के साथ मिलेंगे और सभी मनुष्य उनको पहचान नहीं पाएंगे। जिस समय भगवान कल्कि की लीला शुरू होगी उस समय कल्कि भगवान का प्रकाश होगा और उसी समय जो श्री वृंदावन में, द्वापर युग में गोपी थे, वही गोपगण कल्कि भगवान की लीला के समय मानव रूप में जन्म होकर भगवान कल्कि के कार्य में सहयोग करेंगे। भगवान कल्कि के साथ बहुत संख्या में बृजवासी गोपालों का मिलन होगा। वह सभी गोपाल भगवान कल्कि की लीलाओं की महिमा का गान करके दिन रात एक कर देंगे।

फिर महापुरुष शिशु अनंत दास **"चंद्रकल्प टीका"** नामक ग्रंथ में लिखते हैं:-

केवल मोदास धिबे मोर पास
अन्य न पारिबे रही।

अर्थात जो भगवान के चारों युग के भक्त थे, केवल वही भक्त भगवान कल्कि के पास रह पाएंगे, दूसरे कोई भी मनुष्य भगवान कल्कि के पास नहीं रह पाएंगे।

कला धला अश्व ऊपरे प्रभु हेबे बहार।
भुवनेश्वर रे रहिबे प्रभु रंगा अधर।

यहां पंच सखाओं ने **"आगत भविष्य मालिका"** ग्रंथ में बताया है, जब कल्कि लीला होगी तब कल्कि भगवान, सफेद और काले रंग के घोड़े के ऊपर बैठकर भुवनेश्वर में असुरों के साथ युद्ध लड़ेंगे।

अध्याय - 15

खंडगिरि में भगवान कल्कि की लीला

भगवान कल्कि भुवनेश्वर के खंडगिरि में आश्रम बना कर साधारण मानव की तरह रहेंगे, इसके बारे में पंच सखाओं ने मालिका शास्त्र में बहुत से प्रमाण रखे हैं।

कल्कि भगवान संभल ग्राम में जन्म होने के बाद कहां विश्राम करेंगे द्वापर युग में भगवान कृष्ण और उद्धव के बीच विचार हुआ था। तब उद्धव जी ने भगवान कृष्ण से पूछा था

खण्डगिरि की गुफा

आप संभल में जन्म तो होंगे उसके बाद आप कहां विश्राम करेंगे। जिसको महापुरुष जगन्नाथ दास जी ने "उद्धव चौतीसा" ग्रंथ में रचना किए हैं:-

केशब कहंति सुण हे उद्धव
किंकट नग्रटि जाण।

कल्कि अबतार हेबु सेठारे
लोहित आंभर वर्ण।
खंडगिरि स्थान गुपते प्रमाण
ख्यात बट अच्छति तर्हिं।
खिरधार पुर्णिं गंडुकि संगम
उदय होइबी मुंही।
गोपाल जे देब अनंत मूरती
उदय जे बण स्थान।
गुप्त खंडागिरि तहांकु जाणिबु
तंहिरे आम्भ आश्रम।

महापुरुष जगन्नाथ दास जी लिखते हैं, भगवान श्रीकृष्ण ने द्वापर युग में भक्त उद्धव को बताया था, मैं उड़ीसा के जाजनगर, जिसको किंकट नगर कहते हैं, वहीं पर जन्म होऊंगा। उस किंकट नगर के बारे में महापुरुष अच्युतानंद ने बताया है, गोहिरा टिकिरा, किंकट नगर और महुरा ग्राम सब जाजनगर के मध्य में अवस्थित है। उद्धव चौतीसा में भी जो किंकट नगर का वर्णन है उसी किंकट नगर पर भगवान कल्कि जन्म होंगे। उनका वर्ण लोहित वर्ण होगा।

शास्त्र के अनुसार भगवान कल्कि का वर्ण कैसा होगा इसके बारे में लिखा गया है:-

शुक्लाम्बरधरं विष्णुं शशिवर्णं चतुर्भुजम् ।
प्रसन्नवदनं ध्यायेत् सर्वविघ्नोपशान्तये।।

अर्थात भगवान विष्णु जब ब्रह्म कुल में अवतरित होते हैं, तब उनका वर्ण चंद्रमा जैसा होता है। यहां भी महापुरुष जगन्नाथ दास जी ने प्रमाण रखा है, भगवान कल्कि का वर्ण लोहित वर्ण होगा। भगवान कल्कि अथवा अनंत, जहां ब्रह्मांड के लिए प्रकाश होंगे उसी खंडगिरि पर पहले से ख्यात वट वृक्ष भी होगा, और जहां महाप्रभु का उदय स्थल होगा वहीं पर खीर समुद्र और गंडकी नदी का धरती के नीचे संगम होगा। वहीं पर भगवान कल्कि उदय होंगे। उस समय भगवान कल्कि की उम्र बाल्य होगी और उनके शरीर में अनंत शक्ति रहेगी। वही स्थान गुप्त खंडगिरि है जो उड़ीसा की राजधानी भुवनेश्वर में अवस्थित है, वहीं पर महाप्रभु कल्कि विश्राम करेंगे।

इसके बारे में महापुरुष हड़िदास जी लिखते हैं:-

कर्णदिही सुण सुजने
कलिजुग बिचार।
कलंकी रूपरे जनम हेबे
प्रभु श्री चक्रधर।
खिरधार बहि जाऊछी

नाम अमरावती।
खंडगिरि स्थाने गुपत
सिद्ध साधु अच्छंति।

यहां महापुरुष हड़िदास जी ने अपने ग्रंथ में भगवान कल्कि की लीला उड़ीसा के भुवनेश्वर खंडगिरि में होगी उसके बारे में रचना की है। और पंच सखाओं ने भी भगवान कल्कि संभल नगर में जन्म होने के बाद भुवनेश्वर खंडगिरि में लीला करेंगे इसके बारे में विस्तृत वर्णन किया है। उस स्थान पर खीर समुद्र पहाड़ी के नीचे पाताल लोक में बह रहा है। खंडगिरि गुफा में अनंत समय से हजारों हजार ऋषि मुनि भगवान कल्कि के ध्यान में तपस्या कर रहे हैं।

"तेर जन्म शरण" ग्रंथ में महापुरुष अच्युतानंद दास जी ने लिखा है:-

लीला प्रकाशिब लीला मयंकर
सत्य जे एकाग्र बन।
लीला करूथिबे अनंत माधब
सर्बे आनंद होईण।

अर्थात भगवान कल्कि की मानव लीला एकाम्र वन, भुवनेश्वर, खंडगिरि में होगी। और भुवनेश्वर एकाम्र वन में भगवान कल्कि भक्तों के साथ बड़े आनंद में गुप्त रूप से मानव लीला करेंगे।

महापुरुष अच्युतानंदन जी ने **"शिवकल्प सप्तम निर्घंट"** में लिखा है:-

पवित्र कुलरे जनम होइबि नाम हेब निराकार।
एकाले भक्तकु कल्प बांटि देबी खंडगिरि रे बिस्तार।

यहां महापुरुष अच्युतानंद जी ने बताया है, भगवान स्वयं निराकार, कल्कि पवित्र कुल में जन्म होंगे (इसका अर्थ ब्राह्मण कुल)। और भक्त लोगों को सत्ययुग में जाने के लिए खंडगिरि पर कल्प (सत्ययुग का बीज), भक्त लोगों को बांटेंगे।

"चुंबक मालिका" में महापुरुष शिशु अनंत महाराज ने लिखा है:-

जन्म होइबे ग्रहकु छाड़िबे तपस्या करिबे जाई।
सिद्ध गिरी स्थान सिद्धधंक सदन रहिबे से भाव ग्राही।

इसका अर्थ यह है भगवान कल्कि, गुप्त संभल पर जन्म होने के बाद उड़ीसा के खंडगिरि (सिद्धगिरी) जहां सिद्ध संत तपस्या में है, उसी स्थान पर गुप्त में तपस्या करेंगे।

खंडगिरि स्थान एकम्र कानन
सुवर्ण गिरी च्युतरे।
सेहि स्थान प्रभु बिजे करिधिबे
भक्त जनंक संगरे।

इस दोहे का अर्थ वर्तमान समय में जो भुवनेश्वर है, उसका पुराना नाम एकाम्र वन है। जहां माता भवानी और भगवान शंकर तपस्या किए थे। उसी भुवनेश्वर के खंडगिरि में भक्तजन भगवान कल्कि का दर्शन करेंगे।

जगन्नाथ पडाइबे चक्का छाड़िकरी।
जाईण रहिबे प्रभु गुप्त खंडगिरि।
जोग माया सेते बेले छाड़िबे अनंत।
जाणिंबुटि कलि आसि होइला निपात।

यहां महापुरुष अच्युतानंद जी "उत्पात सागर" ग्रंथ में प्रमाण रखते हैं, प्रभु श्री जगन्नाथ जी, अपना नीलांचल धाम छोड़कर गुप्त खंडगिरि में निवास करेंगे और उसी समय भगवान कल्कि, योगमाया शक्ति से कलियुग को संहार भी करेंगे।

एहि कलिजुगे कल्कि अबतार हरि।
श्री खंडगिरी रेधिबे प्रभु बिजे करि।

इसका अर्थ महापुरुष शिशु अनंत महाराज "चुंबक मालिका" में बता रहे हैं, भगवान कल्कि, अवतार धारण करके उड़ीसा के भुवनेश्वर खंडगिरि में अवस्थान करेंगे।

भकत सुमेल होई एकठुल
खंडगिरि पासे जीबे।
अनंत मूरती दर्शन सारीण
सर्बें सर्बकु चिन्हीबे।

"पट्टा मडाण" ग्रंथ में महापुरुष लिखते हैं, जिस समय कल्कि भगवान खंडगिरि पर निवास करेंगे, उसी समय भगवान के सभी निकटतम भक्त भारत और विश्व के कोने-कोने से आकर भगवान कल्कि के दर्शन करेंगे। उसके बाद भक्तजन आपस में एक दूसरे को पहचानेंगे।

अध्याय - 16

भगवान कल्कि का संगठन
"सुधर्मा महा महासंघ"

जब भी भगवान धरा अवतरण करते हैं, तब हर युग में भगवान भक्तों को साथ लेकर सुधर्मा महा महासंघ का गठन करते हैं।

यहां महापुरुष अच्युतानंद जी ने **"तेर जन्म शरण"** ग्रंथ में प्रभु की दिव्य लीला (सुधर्मा सभा) के बारे में प्रकाश किया है:-

संभल नग्ररे विष्णुजसा घरे

प्रभु जहुं जन्मीबे।

सुधर्मा सभाटि श्री जाजनग्ररे

प्रभु आपे बिस्तारीबे।

इसका अर्थ है, भगवान कल्कि जिस समय संभल नगर पर जन्म होंगे, जैसे कि हमने पहले से बताया है, जो जाजनगर (बिरजा क्षेत्र) है वही गुप्त संभल है। यहां महापुरुष अच्युतानंद जी प्रमाण रखते हैं कि प्रभु जाजनगर से सुधर्मा महा महासभा, जैसे सत्य, त्रेता, द्वापर में गठन किए

थे, ऐसे सुधर्मा सभा नामक एक संगठन बनाएंगे। जो संगठन सारे विश्व में सत्ययुग की प्रतिष्ठा के लिए कार्य करेगा और भगवान कल्कि उसी सुधर्मा सभा को जाजनगर से शुभारंभ करेंगे। सुधर्मा सभा के माध्यम से सारे विश्व के भक्तों का उद्धार होगा। भगवान कल्कि उसी सुधर्मा सभा को उड़ीसा और भारत में कई-कई स्थानों पर भक्त लोगों के साथ बैठाएंगे और सत्ययुग के आरंभ के समय भगवान कल्कि उड़ीसा के जाजनगर पर 33 करोड़ देवी देवताओं को साथ लेकर सुधर्मा सभा बैठाएंगे।

बलराम हेबे राजा कान्हू परिचार।
बसिब सुधर्मा सभा जाजनग्र ठार।
बीणा बाईब नारद मिलिबे छामुंरे।
बेद पड़ुथिबे ब्रह्मा अच्युत आघरे।
ख्याब मने थिबु बाबु ख्यात न करीबु।
खिति मध्ये काल जड़ा प्राय जड़िथिबु।
छाड़िब गारिमा तार होइबु निर्मल।
ठार अच्युत दासर सेही भाव मूल।

भगवान कल्कि महाप्रभु के सारे भक्तों का मिलन सुधर्मा महा महासभा में होगा। सारे विश्व से भक्त, देवता, यक्ष, गंधर्व, ऋषि, मुनि, सिद्ध, संत और भगवान ब्रह्मदेव, शंकर भगवान, नारद महामुनि उस सभा में

उपस्थित होंगे। वहीं पर भगवान विष्णु कल्कि, विष्णु बलराम के रूप में सप्तद्वीपमही विश्व के राजा बनेंगे। उस सभा को भगवान श्रीकृष्ण (कल्कि) संचालन करेंगे। वह सभा बिरजा क्षेत्र जाजनगर पर बैठेगी। सुधर्मा सभा शुरू होते-होते उस स्थान पर नारद महामुनि आएंगे और वीणा वादन करेंगे। उस सभा में ब्रह्मदेव वेद ध्वनि करेंगे। और उस सुधर्मा सभा में विश्व का नया संविधान स्वयं भगवान महाविष्णु (कल्कि), ब्रह्मदेव और शंकर भगवान की उपस्थिति में बनेगा। उसके बाद सारे विश्व में राम राज्य प्रतिष्ठित होगा और सारे विश्व में केवल सनातन धर्म ही रहेगा। सारे विश्व के लोग सनातन धर्म को मानकर भगवान कल्कि की शरण में रहेंगे।

जाजनग्र बोलि जहाकु कहुच

जहिर उभा कनक।

जमुना कालंदी उत्तर रहिछि

तहीं रे भैरबी डाक।

काम रमा परा बिज बसाइण

ध्यान सूत्र सिखाईबे।

यहां महापुरुष अच्युतानंद जी ने **"शिवकल्प"** ग्रंथ में जाजनगर को एक बार फिर प्रमाणित किया है, जहां भगवान कल्कि जन्म होंगे। यहां महापुरुष अच्युतानंद जी लिखते हैं, जिसको जाजनगर कहते हैं, वह

बिरजा क्षेत्र या दुर्गा देवी का क्षेत्र है। जहां प्रभु कल्कि जन्म होंगे उसके उत्तर दिशा में यमुना और कालिंदी नदी एकत्र होकर बह रही हैं।

माता भैरवी देवी जो संहार कारिणी हैं, उसी स्थान पर विराट ध्वनि करेंगी। जिसमें ब्रह्मांड के असुरों का विनाश होगा।

भगवान कल्कि भक्त लोगों को सुधर्मा सभा के माध्यम से **त्रिकाल संध्या (त्रिसंध्या)** जैसा ध्यान सूत्र सिखाएंगे और भगवान कल्कि किसी को भी पहचान नहीं देंगे कि मैं प्रभु हूं। कोई भी साधारण मानव भगवान कल्कि को पहचान नहीं पाएंगे। लेकिन भगवान कल्कि सारे विश्व से बृजवासी भक्तों को चुन चुन कर अपनी शरण में ले लेंगे।

केवल जे सनातन धर्मकु स्थापिबे प्रभु श्री नारायण।
आऊ सब धर्म हेब चूर्ण जाइफूल लो।

महापुरुष अच्युतानंद दास ने **"जाइफूल मालिका"** में लिखा है कि भगवान कल्कि संपूर्ण विश्व में सनातन धर्म को स्थापित करेंगे। केवल सनातन ही सनातन सारा विश्व हो जाएगा, और सभी धर्म (पंथ/संप्रदाय) का मिलन सनातन में हो जाएगा।

अध्याय 17

कल्कि भगवान की ध्वजा

कल्कि भगवान की ध्वजा कैसी होगी और उस ध्वजा में कौन-कौन से रंग होंगे?

श्वेतं पीतम हरितंच लोहितं नीलवर्णयो। पंचतत्व स्वरूपंच तन्मध्ये एकाक्षर।

यहां महापुरुष अच्युतानंद जी प्रणाम करते हैं, भगवान कल्कि की ध्वजा, सफेद रंग, पीला रंग, हरा रंग, लाल रंग और नीला रंग इन पांच रंगों में रहेगी। और ध्वजा के मध्य में एकाक्षर रहेगा। भगवान कल्कि की ध्वजा पंच तत्व (आकाश, वायु, अग्नि, जल, पृथ्वी) को प्रदर्शित करेगी।

अध्याय - 18

कलिभारत युद्ध

महाभारत युद्ध का शेष एक बेला युद्ध कहां होगा?

भुवनेश्वर रे लागिब गोल।
एकाम्र बन जे अच्छि सेठारे।
खंडगिरी सिद्ध साधु अच्छंति।
कलकि रूपकु ध्यान करंति।
खीर धार बहि जाए गुप्तर।
गुंफारे भजन हुए सत्वर।
घटना स्थान जे अटंई सेही।
कलि भारत युद्ध सेठाई।

इस दोहे का अर्थ है, भारत का एक राज्य उड़ीसा है। जिसकी राजधानी भुवनेश्वर है। भुवनेश्वर का पौराणिक नाम एकाम्र वन है। उसी भुवनेश्वर में कलि भारत का अंतिम पर्याय युद्ध अनुष्ठित होगा। भुवनेश्वर के खंडगिरि पर साधु संत भगवान कल्कि को ध्यान कर रहे हैं, और उसी खंडगिरि में गुप्त में खीर समुद्र बह रहा है। वही क्षेत्र कलिभारत युद्ध का स्थान है, जहां पर कलिभारत युद्ध होगा।

छतिया बट के महान संत महापुरुष हड़िदास महाराज "हड़िदास रचनावली" ग्रंथ में इसके बारे में लिखते हैं:-

घटना प्रतिमा पुरुष लिंगराजंक पुर।
घोर कलि महासमर हेब सेही ठाबर।
झाड़ खंडगिरि गुंफारे प्रभुकरे सेठाब।
झलमल ज्योति बहारे लीला चहट हेब।
नारायण स्वयं अटंति नर देहरे गोप्य।
लीला बेलकु से होइबे नील धवल रूप।

इस दोहे का अर्थ है, भगवान शंकर के अति पवित्रम क्षेत्र श्री लिंगराज क्षेत्र में द्वापर युग के महाभारत युद्ध का जो एक बेला युद्ध बाकी है, वही युद्ध खंडगिरि क्षेत्र पर भगवान कल्कि के साथ होगा। भगवान कल्कि की लीला खंडगिरि में प्रकाश होगी। उसी समय भगवान नारायण मानव शरीर में कल्कि रूप धारण करके नील धवल रूप में प्रकाश होंगे।

"कलि भविष्य" ग्रंथ में महापुरुष लिखते हैं:-

होइब पुणि कलंकिर लीला।
पंच सखा मेले करीबु खेला।
द्वादश बरष तप करिबु।

अग्निर प्रगत्व अश्व पाईबे।
सेहि बेलरे होइबटि गोल।
समर होइब अति प्रबल।

इस दोहे का अर्थ है, भगवान कल्कि के द्वारा जब महाभारत युद्ध का उद्घोष होगा, तब कल्कि भगवान के साथ पंच सखा भी लीला में भाग लेंगे। भगवान कल्कि को यज्ञ प्रकट अश्व (बेगवंत) नाम का घोड़ा प्राप्त होगा। भगवान कल्कि 12 वर्ष तक खंडगिरि पर निवास करेंगे, उसके बाद भगवान कल्कि खंडगिरि छोड़ेंगे, उसी समय के बाद सारे विश्व में महासमर विश्व युद्ध शुरू होगा।

"उद्धव चंद्रिका" (पद्म कल्प पुराण) में गोपाल दास जी ने फिर कलि महासमर के बारे में प्रमाण किया है:-

करिबु कालिजे भारत।
जाजनग्र हेबू जात।

इसका अर्थ है, जो महाभारत युद्ध का एक बेला युद्ध बाकी है वह युद्ध भगवान कल्कि के द्वारा कलिभारत युद्ध के रूप में होगा, जो 13 महीने तक चलेगा। वह युद्ध उड़ीसा में ही होगा।

**ए कालिजुगरे महाभारतटि
उड़ीसा भुंई प्रमाण।
उत्कलरू सब उत्पत्ति होइब
ठिके ठिके राम सुण।**

यहां मालिका शास्त्र में लिखा है, कलियुग का महाभारत उड़ीसा भूमि में होगा। महापुरुष अच्युतानंद दास अपने परम शिष्य रामदास को बता रहे हैं, कलि महाभारत उड़ीसा में ही संपन्न होगा।

इसके बारे में फिर महापुरुष **अभिराम परमहंस** लिखते हैं:-

**ओडिए एहि युद्ध हेब,
आदेश देबटि माधब।**

महापुरुष ठाकुर अभिराम परमहंस **"अभिराम रचनावली"** ग्रंथ में लिखते हैं, कि महाभारत युद्ध का जो एक बेला युद्ध बाकी है, वही युद्ध कलियुग में 13 महीने तक चलेगा और वही महाभारत युद्ध और विश्व ब्रह्मांड के सभी युद्ध भगवान कल्कि की इच्छा से होंगे।

अध्याय - 19

तृतीय विश्व युद्ध

भविष्य मालिका शास्त्र में तृतीय विश्व युद्ध के बारे में पांच शाखों ने विस्तृत वर्णन किया है।

तृतीय विश्व युद्ध कब होगा, किन-किन देशों के मध्य होगा, कौन-कौन से देश भारत का सहयोग करेंगे, कौन-कौन से देश

भारत के विरोध में युद्ध लड़ेंगे, किन-किन अस्त्रों का प्रयोग होगा और युद्ध का अंतिम निर्णय क्या होगा इसके बारे में स्पष्ट रूप से प्रमाण किए हैं।

मालिका शास्त्र के अनुसार जिस समय चीन, पाकिस्तान और भारत के बीच युद्ध होगा वही युद्ध विश्व युद्ध में परिवर्तित होगा।

इसके बारे में भविष्य शास्त्र "रुक्मणी गीता" में लिखा है:-

मीन शनि मेड़गो होइबे जेते बेले।
सेकाले समर हेब भारत मंडले।

इसका अर्थ है जिस समय मीन राशि पर शनि का चलन होगा उसी समय भारत, पाकिस्तान और चीन के बीच युद्ध होगा। वही युद्ध तृतीय विश्व युद्ध में परिणित होगा।

फिर "मालिका शास्त्र" में लिखा है:-

चारि दिगरे चहल पड़िब।
चीना संगे आद्य समर हेब।
चाकिरिया माने फेरस्त जिबे।
चोर माने अति प्रबल हेबे।
दोहा नदी बसे देशे जे।
चरण चुटिया भूरिश्रवा सेत।
जनम असुर देशजे।

इस दोहे का अर्थ है, जब सारे विश्व में चतुर्दिग में विश्व युद्ध की ध्वनि प्रकाश होगी, उसी समय चीन के साथ भारत का पहला युद्ध होगा। उस समय सरकारी और गैर सरकारी अनुष्ठान में नौकरी करने वाले लोगों को नौकरी से निकाला जाएगा। अभाव के कारण विश्व में चोरी और

डकैती बहुत संख्या में बढ़ेगी। इस युद्ध में महाभारत युद्ध का महारथी भूरिश्रवा, भारत के विरुद्ध में चीन देश के लिए युद्ध करेगा।

फिर महापुरुष शिशु अनंत महाराज ने **"मालिका शास्त्र"** में लिखा है:-

एमंत कालरे कहुछी बाबू रे

बुझिजिब लीला भले।

ए भारत परे चीना देब धाड़ि

निश्चय जबन तुले।

इस दोहे का अर्थ है, यहां महापुरुष दृढ़ता के साथ प्रमाण करते हैं, जिस समय चीन, भारत के साथ युद्ध करेगा, उसी समय पाकिस्तान की तरफ से भी भारत के ऊपर युद्ध थोपा जाएगा, और दोनों देश मिलकर भारत के साथ युद्ध करेंगे।

फिर **"भविष्य मालिका"** शास्त्र में लिखा है:-

एही भारत रे संगे

पाकिस्तान टी लड़िब रंगे।

महासमर करीब जाणिंधा देगे।

उड़ि जे चीन सैन्य तुरुकि ईरान जाण ब्रिटिश जे।

अमेरिका पाकिस्तान कु देबे बल अस्त्र शस्त्र आबर।

जोगाई देबे युद्ध लागिब आबर।

यहां **"भविष्य मालिका"** शास्त्र में लिखा है, पाकिस्तान और चीन मिलकर भारत के साथ युद्ध करेंगे। पाकिस्तान को तुर्की, ईरान, ब्रिटिश, अमेरिका और 13 मुस्लिम देशों की तरफ से अस्त्र-शस्त्र, सैन्य, अर्थ सब प्रकार का सहयोग मिलेगा।

फिर **"आगत भविष्यत मालिका"** शास्त्र में लिखा है:-

एहा देखिबे रुसिया आसि होइब ठिया।
भारत समर क्षेत्रे सेहि कुटिया।
अस्त्र शस्त्र सैन्य जोगाई देब जाण।
भारत सहित मिसी करिब रण।

इसका अर्थ जिस समय तृतीय विश्व युद्ध होगा एक तरफ से भारत रहेगा दूसरी तरफ से चीन, पाकिस्तान, तुर्की, अमेरिका, ईरान और 13 मुस्लिम देश लड़ रहे होंगे। उसी समय रूस भारत को सहयोग करेगा। रूस और भारत मिलकर शत्रु देश के सैनिकों के साथ डटकर लड़ेंगे।

फिर **"मालिका शास्त्र"** में लिखा है:-

प्राच्य पाश्चात्य गण एही परि मिलीण।

पाकिस्तान लागि सर्बे करीब रण।

गोड़ि तोप कमाण।

इस दोहा का अर्थ है, प्राच्य अर्थात मिडल ईस्ट के सभी देश, भारत के सभी पड़ोसी देश तथा यूरोप के कुछ देश, सभी पाकिस्तान के साथ मिलकर भारत के विरुद्ध में कार्य करेंगे तथा युद्ध लड़ेंगे और समय के साथ यह विश्व में सबसे बड़ा महासमर होगा।

तृतीय विश्व युद्ध के अंतिम समय में निर्णायक युद्ध उड़ीसा के खंडगिरि में भगवान कल्कि के साथ होगा। इसके बारे में "उद्धव भक्ति प्रदायिनी" ग्रंथ में रचना है:-

उड़ीसा राज्यर खंडागिरि ठारे अनेक युद्ध होईब।

अनंत किशोर रूप धरि प्रभु चक्रधरी बिनासीब।

अश्वत्थामा शल्य संग तरेथिबे निज क्षेत्रिवृति धरी।

अनेक योद्धाजे बिनाश होईबे युद्ध थिबे आबोरी।

भगवान श्री कृष्ण ने द्वापर युग में उद्धव जी को कलिभारत युद्ध के बारे में बताया था। उद्धव भक्ति प्रदायिनी ग्रंथ में लिखा है कि उड़ीसा राज्य के भुवनेश्वर खंडगिरि में जहां भगवान कल्कि निवास करेंगे उसी स्थान पर घोर युद्ध अथवा कालिभारत का अंतिम युद्ध होगा। जिस युद्ध में

भारत के सभी विरोधी शत्रु देश चीन, पाकिस्तान, तुर्की, ईरान, बांग्लादेश, अमेरिका और 13 मुस्लिम देशों के सैन्यगण भाग लेंगे। वहीं पर भगवान कल्कि पहली बार सुदर्शन चक्र का प्रयोग करेंगे। इस युद्ध में सभी दुश्मन योद्धाओं की मृत्यु होगी। उसी समय अश्वत्यामा और शल्य भगवान कल्कि के साथ उपस्थित रहेंगे। उसके बाद भगवान कल्कि, क्रोध से सारे विश्व के म्लेच्छों का संहार करके धर्म संस्थापना करेंगे।

पुरुब पश्चिम रंग बर्ण हेब
गिरी माला चमकीब।
लोहा खंडा मान भारते बोलिब
शासन कल लागीब।

इस दोहे का अर्थ, जिस समय तृतीय विश्व युद्ध लगेगा उस समय युद्ध के प्रभाव से सारी पृथ्वी में, पूर्व दिशा और पश्चिम दिशा रंगमय (लाल रंग) दिखाई देगी। उसी समय भारत में बड़ा समर भी होगा, और शासन का कल लगेगा।

उपर्युक्त दोहा में जहां शासन कल के बारे में लिखा है, वह एक गुरूत्वपूर्ण प्रसंग के बारे में रचना है इसलिए यहां शब्द की भाषा को प्रवर्तित किया गया है।

भविष्य मालिका के अनुसार विश्व युद्ध के प्रमुख निर्णायक देशः-

ग्रुप-1

भारत ,रूस, जापान, जर्मनी और फ्रांस।

ग्रुप-2

पाकिस्तान, चीन, तुर्की, अमेरिका, ईरान, मुस्लिम देश, ब्रिटेन , अफ्रीका और बाकी अन्य देश।

महापुरुष अचुतानंद दास और नित्य पंच सखाओं ने मालिका शास्त्र में बताए हैं:-

अच्युतर होईब च्युत।
जुग फड़ भुईंजीबे सत।

लेखि लिभाइबा शक्ति जार अच्छि
ताथारे मु शरण।

अच्युत बचन च्युत होइजिब
कपाड़े मारिबे हाथ।

उपरोक्त दोहे का अर्थ जिस समय भगवान के अवतार कल्कि महाप्रभु धरती पर आगमन करेंगे, उसी समय कल्कि भगवान, भक्त, संत, सज्जन

और धरती को रक्षा के लिए धर्म संस्थापना के कार्य को आगे-पीछे कर सकते हैं।

धर्म संस्थापना का समय आगे बढ़ा भी सकते हैं और घटा भी सकते हैं।

भगवान कल्कि युग निर्माण के लिए अवतरित होंगे। भगवान कल्कि, कोटि ब्रह्मांड की जितनी भी परा-अपरा शक्ति, अष्ट सिद्धि-नव निधि, अणिमा-लंघिमा, सभी देवी-देवताओं और सभी लोकों की शक्ति अपने पास रखेंगे।

भगवान कल्कि अपनी इच्छा से जो संसार के लिए मंगलमय होगा वही करेंगे।

अध्याय - 20

वैश्विक आर्थिक मंदी

तृतीय विश्व युद्ध शुरू होने से पहले पूरे विश्व में आर्थिक मंदी जैसी स्थिति हो जाएगी। विश्व युद्ध के समय हानिकारक अस्त्रों के प्रयोग से कृषि नष्ट हो जाएगी। जिस कारण भोजन जुटाना सभी के लिए एक चुनौती बन जाएगा। इसके बारे में पंच सखाओं ने मालिका शास्त्र में लिखे हैं।

महापुरुष शिशु अनंत महाराज ने **"पट्टा मड़ाण"** ग्रंथ में लोगों की आर्थिक स्थिति के बारे में विस्तृत वर्णन किया है:-

रंग ढंग आऊ रहिब नाहीं।

इस दोहे का अर्थ है, दुनिया में किसी भी मनुष्य को सुख शांति नहीं रहेगी। चाहे गरीब हो या करोड़पति हो सब लोग समान हो जाएंगे।

दुनिया में सभी लोग, श्री हीन, सुंदरता हीन और लक्ष्मी हीन हो जाएंगे।

टंका सुना परे श्वान मुतुथीब

श्वान न होइबे नाश।

कहंति अनंत ब्रह्म ज्ञान बाणि

सुणे थिबे ब्रज सुत।

इसका अर्थ जब तृतीय विश्व युद्ध लग जाएगा, उसी समय सोना और रुपया का कोई मूल्य नहीं रहेगा, उसके ऊपर कुत्ते पेशाब करेंगे। इसका अर्थ सारे विश्व में महंगाई इतनी अधिक बढ़ जाएगी जिस कारण प्रचलित मुद्रा का कोई मूल्य नहीं रहेगा।

फिर महापुरुष अच्युतानंद महाराज ने लिखा है:-

उबा धन मान राजा हरिनेबे

पोता हरिबे बासुकी।

बड़ा बड़िया जे केहि न रहिबे

हेतु कर राम।

इस दोहे का अर्थ है, विश्व युद्ध के कुछ दिन बाद में सारे विश्व में आर्थिक आपातकाल, जरूरी कालीन स्थिति जारी होगी। इसका अर्थ उस समय विश्व की सभी सरकारें पैसों के ऊपर आपातकाल लगाएंगी अर्थात विश्व में आर्थिक आपातकाल लगेगा। उसी समय विश्व में कोई भी

छोटा या बड़ा नहीं बचेगा सभी समान हो जाएंगे। और जितनी भी संपत्ति धरती पर है, वह संपत्ति भूकंप, जल प्रलय, पंचभूत प्रलय में तबाह हो जाएगी। किसी के पास गर्भ, दंभ, अहंकार नहीं रहेगा। किसी भी मनुष्य की सुंदरता, घर-मकान, वैभव-संपत्ति नहीं रहेगी, सब छिन्न भिन्न हो जाएगा।

इसीलिए इस विपरीत समय में मानव सभ्यता के पास धर्म का रास्ता, धर्म की शरण, भगवान का नाम भजन-कीर्तन के सिवा कोई बड़ी संपत्ति नहीं है।

जिस मकान, जिस वैभव, जिस संपत्ति के लिए मनुष्य आज गर्व करता है सब कुछ धूमिल हो जाएगा।

फिर पंच सखाओं ने **"मालिका शास्त्र"** में लिखे हैं:-

राजा होई केही रहिबे नाहीं।
बिरजा शासन होइब मही।
तेरसौ छप्पन दड़े भारते।
ठिके ठिके राम कहिलि तोते।

इस दोहे का अर्थ है, जिस समय तृतीय विश्व युद्ध होगा उसी समय किसी भी देश की क्षमता, किसी भी देश का शासन, राष्ट्र अध्यक्षों के नियंत्रण में नहीं रहेगा। ऊपर में तो सभी शासन करेंगे पर शासन नियंत्रण

आदि शक्ति योग माया माता बिरजा देवी के हाथ में रहेगा। सारे विश्व में माता बिरजा देवी के नेतृत्व में देवी देवताओं का शासन चलेगा।

मालिका शास्त्र के अनुसार मीन राशि में शनि के चलन के बाद से शेयर बाजारों की स्थिति गिरती जाएगी। तथा महंगाई बहुत अधिक स्तर तक बढ़ जाएगी।

अध्याय - 21

पंचभूत प्रलय

मालिका शास्त्र में पंच सखाओं ने लिखे हैं, भगवान कल्कि किस प्रकार पंचभूत के माध्यम से संहार लीला करेंगे।

ग्रंथः- जुगाब्धि गीता, महापुरुष अच्युतानंद दास

कार्हि जल रुपे मुर्हि जगत नासीबी।

कार्हि पवन रूपरे सकल ग्रासीबी।

कार्हि जोगमाया होई संहार करीबी।

काहीं निजे विश्व रुप धारण करीबी।

काहीं मौऊन ब्रत मुं धारण करीबी।

काहीं काल रुपे मुर्हि पार्पिकु नासीबी।

इसका अर्थ भगवान कल्कि पंच भूत को साथ लेकर धर्म संस्थापना करेंगे। आकाश, वायु, अग्नि, जल और धरती इन सभी पंचभूत, विश्व युद्ध और रोग महामारी यह सब कल्कि लीला का माध्यम बनेंगे।

"चकडा मडाण ग्रंथ" में महापुरुष अच्युतानंद जी लिखते हैं:-

चिन्नि छत्र हेब ए सुना संसार
थय न पड़िबे केहि।
गुपत मारुणि ग्रामे ग्रामे हेब
तोतेमु देलि चेताई।
एही घोर कलि लीला भड़िं भड़िं
प्राणी हेबे पत्थभड़ां।
माया अंधकारे गुणि रहिथिबे
आंखि थाई सेजे कणां।

इस दोहे का अर्थ पाप के कारण यह सोने की धरती छिन्न-भिन्न हो जाएगी, और बिना कारण से बिना किसी बीमारी से मनुष्य लोगों की मृत्यु होगी। जिसे गुप्त मृत्यु कहा जाता है। उसी समय मनुष्य लोग इन सब लक्षणों को देखते हुए भी कुछ नहीं देखने का अभिनय करेंगे।

महापुरुष अच्युतानंद दास ने **"विराज कल्प"** ग्रंथ में भगवान कल्कि का जन्म स्थान कैसे विनाश होगा उसके बारे में लिखे हैं:-

भारतरु भिन्न हेब उड़ीसा जे देश।
मोर सेही जन्म स्थान निश्चय नाश जीब।

यहां महापुरुष अच्युतानंद जी लिखते हैं कि ऐसी आपदा का समय आएगा जब उड़ीसा को जाने का रास्ता नहीं बचेगा और उड़ीसा का शेष भारत से संपर्क कट जाएगा और भगवान कल्कि का जन्म स्थान संपूर्ण नष्ट हो जाएगा। कुछ हाथ गिनती के भक्त ही जिंदा बचेंगे।

अध्याय - 22

जल प्रलय

भगवान कल्कि जल प्रलय के माध्यम से संसार में म्लेच्छों का बड़ा विनाश करेंगे, इसके बारे में रचना है।

ग्रंथ- "कलि कल्प गीता"

पूरुब दिगरु सागर बढिब
दक्षिणे करिब गादि।
होइब लहड़ि पड़थिब मारि
बड़ देउड़ को भेदि।

इसका अर्थ पूर्व दिशा से समुद्र का जल पत्तन बढ़ेगा और दक्षिण में स्थित देश जल में समाधि लेंगे। उसी समय श्री जगन्नाथ धाम की ओर समुद्र की लहरें आएंगी और समुद्र की लहरें श्री जगन्नाथ महाप्रभु के मुख्य मंदिर में आकर टकराएंगी।

समुद्र लहड़ि मारि पड़िबटि
पाप भारा हेब जहुं।
बड़ पंडा बड़ देउड़ आसिण

बंदान करिब सेहूं।

यहां महापुरुष अच्युतानंद जी लिखते हैं, मनुष्य कर्त पाप के कारण समुद्र किनारे लांघकर सारे विश्व में अशेष क्षति साधन करेगा। इसी कारण जगन्नाथ क्षेत्र में भी समुद्र किनारे लंघकर मुख्य मंदिर तक आएगा और उस समय जगन्नाथ मंदिर के मुख्य सेवक जो सेवा में कार्यरत रहेंगे वह समुद्र देवता (वरुण देव) की आरती करेंगे।

इसके बारे में फिर महापुरुष अच्युतानंद जी ने लिखा है:-

**प्रभु आज्ञांकुत केहि मेंटि नाहीं जलनिधि के मेंटिब।
बेलके बाहुड़ि जिब जल निधि हरि नाम ऊछुलिब।**

यहां महापुरुष लिखते हैं जब जगन्नाथ मंदिर के मुख्य सेवक समुद्र देव की आरती करेंगे तब समुद्र देव अपने स्थान तक लौट जाएंगे।

**बाइस पहाच्छ मीन खेलुधिब सिंहासन रे बरुण।
मक्का मदीना रे घोर युद्ध हेब मेरिबे बिधर्मीं गण।**

इसका अर्थ जिस समय जगन्नाथ मंदिर की 22 सीढियों तक समुद्र (वरुण देवता) आएंगे उसी समय पवित्र मक्का मदीना क्षेत्र में घोर समर होगा।

फिर महापुरुष लिखे हैं:-

आऊ बारेक आसिब जल निधि देउड़ कु धक्का देब।
प्रभु कोप हेबे चक्रकु धारिबे म्लेच्छ संहार करिबे।

इसका अर्थ समुद्र तीन बार किनारे लांघकर विश्व में मुख्य जल प्रलय करेगा। उससे पहले कई बार समुद्र किनारे लांघकर तटवर्ती देशों का विनाश करेगा।

फिर महापुरुष ने बताया:-

पुरूबरु लुड़ां माड़ि आसुधिब
बाईस पहाच्छे मीन।
रत्न सिंहासने बरुण देबता
नधिबे चक्का नयन।

इस दोहे का अर्थ है, पूर्व दिशा से समुद्र आकर जगन्नाथ मंदिर को जल प्लावित करेगा और मंदिर की 22 सीढ़ियों पर मछलियां खेलेंगी। उसी समय जगन्नाथ भगवान कल्कि रूप में सारे विश्व में संहार लीला करेंगे। और जल के देवता वरुण देव रत्न सिंहासन पर बैठेंगे।

ग्रंथ- शिवकल्प,
महापुरुष अच्युतानंद दास

अद्भुत सागर हेब बलियार
छुइब पर्वत शिख।
भक्तक लीला हेब अनर्गल
रितु पक्षे मन रख।

इस दोहे का अर्थ अकस्मात समुद्र में सुनामी आकर बड़े-बड़े पहाड़ियों को जल प्लावित करेगी। उसी समय सारे संसार में कल्कि भगवान के भक्तों की लीला और भक्तों की संख्या बहुत बढ़ेगी।

कलिंग ए भुई बिरजा मंडल उतुपात हेब भारी।
उतुपात कथा कर्ण रे पड़िले अंग जीब मूर्च्छा पड़ी।

इस दोहे का अर्थ है जल प्रलय के कारण इतना विनाश होगा जो आज तक दुनिया में कभी किसी मनुष्य ने नहीं देखा है।
इतना अधिक विनाश होगा जिसे अगर कोई आंखों से देखेगा तो चेतना हीन हो जाएगा, यह विकराल विनाश लीला गुप्त संभल क्षेत्र पर होगी।

उत्तर मेरु पिघलने के कारण दक्षिण में रहने वाले विश्व के देश जल प्रलय की चपेट में आएंगे, और विश्व में सभी देश में जल प्रलय होगा नदियों में ऐसी बाढ़ आएगी जैसी कभी इतिहास में किसी ने देखी नहीं होगी। बारिश से प्रभावित अंचल में जल प्रलय से घर-संपत्ति और मनुष्यों के

लिए विनाशकारी स्थिति सृष्टि होगी। पहाड़ियों के मुख्य अंश टूट जाएंगे और विश्व में जल प्रलय के कारण बड़ा भयंकर विनाश होगा।

कहीं नदियों के माध्यम में, कहीं बारिश के माध्यम में, कहीं तूफान के माध्यम में, कहीं सुनामी के माध्यम में अति विशाल जल प्रलय होगा।

अध्याय - 23

भगवान कल्कि की संहार लीला

पंच सखाओं ने भगवान कल्कि कैसे सारे विश्व के म्लेच्छों का संहार करेंगे इस विषय में स्पष्ट रूप से प्रमाण दिए हैं:-

जल लंघिणं सागर उठिणं आसिब।
हजार हजार ग्राम भंसाइणं नेब।
महा समर लागिब घरे घरे।
मिथ्या आदि कथा उपुजिब।

इसका अर्थ "भविष्य मालिका" ग्रंथ में महापुरुष लिखते हैं, विश्व में समुद्र प्रलय के माध्यम से हजार-हजार शहर नष्ट हो जाएंगे। उसी समय सारे विश्व में तृतीय विश्व युद्ध भी  लगेगा। उसी समय सभी लोग मिथ्या वचन को आदर और सम्मान करेंगे।

गांके रहिबे दुई चारि जन

पवन आहार करि।

न मिलीब अन्न न मिलिब जल

मुंखे बोलुथिबे हरि।

इसका अर्थ आगे ऐसा समय आएगा, हर गांव में सिर्फ दो-चार लोग ही बचेंगे जिनको भोजन और जल भी नहीं मिल पाएगा। वह लोग हरि नाम कीर्तन, त्रिकाल संध्या, भागवत पठन और माधव नाम भजन करके, पवन आहार करके जिंदा रहेंगे।

ग्रंथ- "परम गुप्त मालिका"

कालचक्र रहि शुन्ये फेरूथिब ग्राम मान नासजिब।

सात खंडि ग्राम खडिए होइब निष्ठा बचन मोहर।

इसका अर्थ सारे ब्रह्मांड में भगवान कल्कि का कालचक्र भ्रमण करके पपियों को संहार करेगा और सात गांव में से एक गांव बचेगा आगे ऐसा समय आने वाला है।

अध्याय - 24

रोग महामारी

महापुरुष पंच सखा अंजान बीमारी (महामारी) के बारे में भविष्य ग्रंथ में क्या लिखे हैं?

रोग रुपे महामाया शरीर खेलिबे।
कहार आयत पुर्णिं सेठारे नथिब।

यहां महापुरुष अच्युतानंद जी अंजान बीमारी की सूचना दिए हैं। माता महामाया (योगमाया) की शक्ति से धरती पर अंजान बीमारी फैलेगी। कोई भी  आयुर्वेदिक/ वैद्य तत्व और कोई भी आधुनिक औषध तत्व उस बीमारी के इलाज के लिए काम नहीं करेगा।

फिर महापुरुष अच्युतानंद जी लिखे हैं:-

जोगमाया खेड़ होइब

जोगि होइबे बणां।

नेमाल बटरे अच्युत

बसि करे भाबना।

यहां महापुरुष अच्युतानंद जी बोल रहे हैं, जिस समय योगमाया "माता बिरजा देवी" संहार के लिए प्रकट हो जायेंगी, उसी समय बड़े-बड़े संत परंपरा भी समझ नहीं पाएंगे और सारे विश्व में बीमारी फैल जाएगी।

महापुरुष अच्युतानंद दास फिर बता रहे हैं:-

अचिन्हा ब्याधि जे घोटिब

महि ढुलुकि जीब।

बैद्यर बुद्धि बिद्याटि

सेठि काम न देब।

इस दोहे का अर्थ है, अंजान बीमारी सारे विश्व को कवलित करेगी, और सारे विश्व में कंपन आ जाएगी। उसी समय आधुनिक डॉक्टरों की बुद्धि विद्या कुछ काम नहीं करेगी।

"तत्त्व बोधिनी ग्रंथ" में महापुरुष अच्युतानंद जी लिखते हैं:-

बैद्य न जाणिब व्याधिर लेस।

नाडि धरिण करिब साहस।

जेई औषध बैद्य पुणिं देब।

ब्याधि बडिब मुलिं मरिजीब।

यहां महापुरुष अच्युतानंद जी बता रहे हैं, आगे आने वाले समय में जो बीमारी (महामारी) होगी उस बीमारी का निदान आधुनिक डॉक्टर नहीं समझ पाएंगे, परन्तु रक्षा के लिए प्रचेष्टा करेंगे। अधर्म के कारण दवाई भी समय पर काम नहीं करेगी।

कैसी-कैसी बीमारीयां आएंगी?

यहां महापुरुष अच्युतानंद जी लिखते हैं:-

कफ सनिपाते मुलिं मरिबे।

बात ब्याधिर थोके नाश जीबे।

अजना रोगजे आसिब।

सेथिरे मनुष्य मरिब।

यहां महापुरुष लिख रहे हैं, कफ, जुखाम और निमोनिया में बहुत सारी बीमारी फैलेगी, और वात बीमारी, वायु जनित रोग (गैस स्ट्राइक), अम्ल जनित रोग (एसिडिटी) बीमारी फैलेगी और अंजान बीमारी भी फैलेगी।

"नवखंड निर्घंट" ग्रंथ में महापुरुष अच्युतानंद जी ने बताया:-

अचिन्हा ब्याधिजे जगते घोटिब

बैद्य बणा होइबे।

रोग न चिन्हिण बणा होउधिबे

अनेक प्राणी मरिबे।

अचिन्हा रोग जगत ब्यापिब

बैद्य होइब बणा।

यहां महापुरुष बता रहे हैं, अंजान बिमारी आएगी उसका निदान नहीं मिलेगा और डॉक्टर लोग भी बीमारी को पहचान नहीं पाएंगे। इस कारण बहुत मानवों की मृत्यु होगी। इसका निदान इस समय धर्म सबसे बड़ी महा औषधी है।

गद महौषधि करिबनि कार्य मरिबसि बटि रोग।

सेठारे जाणिबु अल्प दिनरे पृथ्वीकु प्रलय जोग।

इस दोहे का अर्थ है, ऐसा समय आएगा कोई भी दवाई काम नहीं करेगी और उसी समय धरती पर प्रलय का समय आएगा।

महापुरुष शिशु अनंत महाराज **"मालिका शास्त्र"** में बताते हैं:-

बलद समान मणिष होइब

मुंहे लगाइब तुंड़ि।

शुगाड़ कुकुर मारि खाइजिबे

चातक पक्षिक भंड़ि।

इसका अर्थ जैसे बैल के मुंह पर नकाब लगाते हैं, ऐसे बीमारी से रक्षा के लिए सभी मनुष्य अपने मुंह पर नकाब (मास्क) लगाएंगे।

उस बीमारी की उत्पत्ति का कारण, मनुष्य लोग कुत्ते और सियार का मांस खाएंगे उसी से बीमारी की उत्पत्ति होगी। चीन में लोग ऐसा मांस अधिक मात्रा में खाते हैं, इसी कारण चीन से इस बीमारी की उत्पत्ति हुई।

ग्रामे झाड़ा बांति लागिब प्रबल।

धरि पड़िबे अज्ञानि जेन्ते म्लेच्छ दल।

इस दोहे का अर्थ है, विश्व में हर देश में डायरिया और उल्टी बीमारी के कारण बहुत मनुष्यों का विनाश होगा।

"पट्टा मड़ाण" ग्रंथ में महापुरुष शिशु अनंत जी लिखते हैं:-

आद्ये बैद्य ठारे प्रकाश होइबे

परे अन्य हेबे नाश।

बैद्य नाश जेबे नोहिब बारंग

आऊ के होइबे ध्वंस।

इस दोहे का अर्थ है, महापुरुष शिशु अनंत महाराज, शिष्य बारंग को बताते हैं, ऐसी बीमारी आएगी जिसमें विश्व के डॉक्टर लोगों का विनाश होगा उसी बीमारी में साधारण लोगों की भी मृत्यु होगी।

एमंत ब्याधि काहींत आसिब

नर अंगरे प्रकाश।

मुखरूत रक्त उद्गार होइब

सकल होइबे नाश।

फिर महापुरुष शिशु अनंत महाराज एक नई बीमारी के बारे में लिखते हैं, मनुष्य शरीर में एक ऐसी बीमारी आएगी जिसमें मनुष्य के मुख से खून की उल्टी होगी। जिस बीमारी से सारे विश्व के लोगों में बड़ी आपद आएगी।

राग रोगरे होइले पिड़ित।

पाप हेतु सर्ब होइबे हेत।

इसका अर्थ मनुष्य में क्रोधता का प्रकोप बढ़ेगा, जिस कारण बहुत संख्या में कम उम्र के बच्चे बच्ची और युवा लोग आत्महत्या करेंगे।

फिर "पट्टा मड़ाण" ग्रंथ में महापुरुष लिखते हैं:-

ग्रामे ग्रामे पसि जोगिनि दंसिबे
न रखिबे एक जन।
एकालरे आम्भे एकाक्षर मंत्र
सकल करि भजन।

इसका अर्थ 64 योगिनी माता और नव कोटि कात्यायनी माता के माध्यम से सारे विश्व के हर देश, हर गांव में बीमारी फैलेगी। उस बीमारी का कोई निदान नहीं होगा। रक्षा का मंत्र केवल त्रिकाल संध्या, भागवत पठन और माधव नाम भजन होगा।

अध्याय - 25

विकसित यंत्र युग का अंत

कलियुग की इस विकसित टेक्नोलॉजी का क्या होगा?

बैज्ञानिक जंत्र मान अचल होइब।
हर्रिक चक्र खालि घुरुण जे थिब।

"परम गुप्त मालिका" ग्रंथ में लिखा है, ऐसा समय आएगा भगवान कल्कि की शक्ति के सामने सारे विश्व की आधुनिक यांत्रिक तकनीकी (टेक्नोलॉजी)  अचल हो जाएगी। भगवान कल्कि जो इच्छा करेंगे, सारे विश्व में वही होगा।

लेखा जंत्र मान उलटि पड़िब पढ़ा ज्ञानी हेबे बणा।
मंग मंगुआल बोल न मानिबे ज्ञान कहि अकलना।

यहां पंच सखाओं ने लिखा है, सारा कंप्यूटर सिस्टम अचल हो जाएगा और कंप्यूटर का निर्माण करने वाले वैज्ञानिक भी उसका भेद नहीं जान पाएंगे। आगे ऐसा समय आ रहा है।

अध्याय - 26

भगवान कल्कि की विराट शक्ति

भगवान कल्कि की शक्ति के बारे में महापुरुष अच्युतानंद जी ने स्पष्ट रूप से वर्णन किया है, भगवान कल्कि की शक्ति कितनी होगी, भगवान कल्कि क्या कर सकते हैं, इस विषय में महापुरुष अच्युतानंद दास अति भक्ति भाव से लिखते हैं:-

आंभे इच्छा कले सप्तद्वीपमही
निमिसे भांगीबु पुण।
नेत्ररु मोहर कोटी सूर्य जात
निश्वासरु ऊइंचास।
लोमके सप्त ब्रह्मांड़ बहिछु
एणु विराट पुरुष।

यहां वर्णन है कि भगवान कल्कि, धर्म संस्थापना विश्व को भ्रमण करके नहीं करेंगे अथवा कर भी सकते हैं। पर भगवान कल्कि अगर इच्छा प्रकट करेंगे एक क्षण में ही सप्तद्वीपमही पृथ्वी को खंड-खंड कर सकते हैं। भगवान कल्कि अगर इच्छा प्रकट करेंगे

भगवान के पद्म नेत्र से करोड़ों सूर्य देव सृष्टि हो सकते हैं तथा कई अनंत परमाणु शक्ति को कल्कि भगवान जलाकर राख कर सकते हैं। भगवान के निस्वास (स्वास-प्रस्वास) से 49 पवन देव के वायु रूप एक साथ सृष्टि हो सकते हैं। भगवान कल्कि अनंत हैं। भगवान कल्कि महाविष्णु हैं। भगवान कल्कि, भगवान महाविष्णु का विराट रूप हैं। इस कारण भगवान कल्कि के शरीर के प्रत्येक रोम-रोम में कोटि ब्रह्मांड का आश्रय स्थल है। इन सब तत्त्वों का अर्थ यही है कि भगवान कल्कि इच्छा मात्र से ब्रह्मांड में सृष्टि, स्थिति और प्रलय कर सकते हैं। पर भक्तों की रक्षा और सृष्टि की रक्षा के लिए जब स्वयं भगवान धरा अवतरण करते हैं, उस समय अपने आप को बड़ा कष्ट देकर निंदा तथा अपमान सहकर वेद रक्षा, सृष्टि रक्षा और सनातन रक्षा करते हैं।

खीराब्धि नाथ कलंकि रूप हेले जेणु।

खितिरे कलंकि लीला प्रकासुछी तेणु।

महापुरुष शिशु अनंत महाराज **"चंद्रकल्प टीका"** नामक ग्रंथ में लिखते हैं, स्वयं क्षीर सागर वासी आदि विष्णु सनातन अखिल ब्रह्मांड के प्रभु अनंत ब्रह्मांड के श्रेष्ठ स्वयं महाविष्णु, कल्कि रूप धारण करेंगे। इसी कारण यह मालिका शास्त्र की रचना की गई है। इसी शास्त्र के माध्यम से भक्तों का उद्धार होगा तथा नव सत्ययुग का निर्माण होगा और भगवान के साथ चारों युगों के भक्तों का मिलन भी होगा।

अध्याय - 27

"माधव" नाम का महत्व

मा च ब्रह्मस्वरूपा या मूलप्रकृतिरीश्वरी ।
नारायणीति विख्याता विष्णुमाया सनातनी ।।
महालक्ष्मीस्वरूपा च वेदमाता सरस्वती ।
राधा वसुंधरा गङ्गा तासां स्वामी च माधवः ।।

सभी देवी माता की शक्तियों की मूल शक्ति मां राधा रानी हैं। और उनके परम प्रिय प्रभु माधव हैं।

कलियुग के इस अंतिम समय में भगवान कल्कि के माधव नाम का बड़ा ही विशेष महत्व है। द्वापर युग में भगवान श्रीकृष्ण ने वचन दिया था, कलियुग के अंत में माधव नाम सबसे बड़ा उद्धार का नाम होगा।

महापुरुष भीमभोई ने "स्तुति चिंतामणि" नामक ग्रंथ में रचना की है:-

'म' अक्षर नाम हृदय लयकर महिमंडल रहिबे।
बिना आश्रितरे केहि न बंचिबेजुग भागे पड़िजीबे।

इसका अर्थ है '**म**' अक्षर अथवा '**माधव**' हृदय में लय लगाकर भजन करो जिससे तुम महिमंडल में रह पाओगे। जो व्यक्ति माधव का आश्रय नहीं लेंगे वह लोग युग परिवर्तन के साथ युग धर्म संस्थापना में नहीं रहेंगे।

फिर "**चंद्रकल्प टीका**" ग्रंथ में महापुरुष शिशु अनंत महाराज लिखते हैं:-

म अक्षरकु ध्यायि भक्त माने थिबे अनंत लीला देखिबे।
म टी अटई महा औषधि म टी सकल देब।

यहां महापुरुष शिशु अनंत दास जी ने माधव नाम का महत्व और '**म**' अक्षर के महत्व का वर्णन किया है। जो भक्त '**म**' अक्षर अथवा '**माधव**' नाम को भजन करेंगे वही भक्त अनंत कल्कि लीला को दर्शन कर पाएंगे। फिर महापुरुष शिशु अनंत जी ने लिखे हैं, '**म**' अक्षर महा औषधी है। भवसागर से उद्धार और कल्कि भगवान के दर्शन के लिए '**म**' अक्षर सबसे बड़ी महा औषधि है। जो '**माधव**' नाम भजन करेंगे, वह भक्त 33 करोड़ देवी-देवताओं का भी आशीर्वाद प्राप्त करेंगे।

फिर महापुरुष अच्युतानंदन ने "**कंईफुल मालिका**" में भगवान कल्कि माधव के बारे में रचना की है:-

शेष कलिलीला भाब बुझाई तो आगे कहिबा सर्ब लो कंईफुल।
कल्कि रूप धरिबे माधब।

इस दोहे का अर्थ है, शेष कल्कि लीला कलियुग के अंत में जिस समय भगवान कल्कि संभल नगर में अवतरित होकर करेंगे, उस समय उनका नाम 'माधव' होगा, और जिस समय सारे विश्व में संहार लीला, धर्म संस्थापना होगी उस समय वही माधव दिव्य कल्कि रूप धारण करेंगे।

सरि गला लीला राम हरि हरि घोष।
पदार बिंदरे जाई शरण तू पस।
माधब माधब नित्य चहल पड़िब।
देखिला बेलकु ताकु चिन्हि न पारिब।

ऐसा समय आयेगा सारे विश्व में भक्त लोग बोलेंगे माधव ही कल्कि हैं। माधव नाम से भक्त लोग उद्धार होंगे। माधव नाम से रोग, बीमारी, आपद से मनुष्य लोगों को रक्षा मिलेगी। माधव नाम से पंचभूत के प्रलय से मानव लोगों का उद्धार होगा, और जिस समय विश्व में माधव नाम गूंजेगा उसी समय माधव भी आ गए होंगे, पर उनको कोई पहचान नहीं पाएगा, उनके पास कोई नहीं जा पाएगा और उनके दर्शन नहीं कर पाएगा, आगे ऐसी स्थिति आएगी।

महापुरुष बलराम दास ने अपने पवित्र ग्रंथ "भविष्य मालिका" में लिखे हैं:-

अष्ट बाहुरे अष्ट आयुध।

कलि शेषे जन्म हेबे माधब।

माधब नामकु जेहुं जपहीं।

जन्म मरण ताहार नाहीं।

इसका अर्थ है, कलियुग के शेष में भगवान कल्कि अष्ट भुजा में अष्ट आयुध धारण करके और विश्व का सबसे शक्तिशाली अवतार लेकर जन्म होंगे।

जो भक्त लोग माधव नाम भजन करेंगे वही भक्त कलि कलमुश से उद्धार होकर सत्ययुग को जायेंगे।

अध्याय - 28

2012 में कलियुग का अंत क्यों नहीं हुआ

वैज्ञानिक दृष्टिकोण से 2012 में बड़ा परिवर्तन का समय था, लेकिन मालिका शास्त्र के अनुसार 2012 में युग परिवर्तन और धर्म संस्थापना का समय नहीं हुआ था इसलिए भगवान ने उस विपरीत समय को टाल कर भक्तों और मनुष्य समाज की रक्षा की थी।

युग परिवर्तनः अभूतपूर्व संकेत और पंचमहाभूतों का असंतुलन

सनातन शास्त्रों के अनुसार, युग परिवर्तन केवल एक कालखंड का अंत नहीं, बल्कि एक व्यापक प्राकृतिक, आध्यात्मिक और लौकिक घटना होती है। जब एक युग से दूसरे युग में संक्रमण होता है, तो यह परिवर्तन पूरे ब्रह्मांड में स्पष्ट रूप से अनुभव किया जाता है।

युग परिवर्तन की यह प्रक्रिया केवल मानवीय और सामाजिक घटनाओं तक सीमित नहीं रहती, बल्कि पंचमहाभूतों (पृथ्वी, जल, अग्नि, वायु, आकाश) में भी असाधारण असंतुलन उत्पन्न होता है। वर्तमान समय में जो घटनाएँ हम देख रहे हैं, वे इस बात का प्रमाण हैं कि हम कलियुग से सत्ययुग की ओर बढ़ रहे हैं।

अग्नि तत्त्व का असंतुलनः-

तापमान में अभूतपूर्व वृद्धि हो रही है। कई स्थानों पर 50-60 डिग्री सेल्सियस से अधिक तापमान देखा जा रहा है।

जंगलों में व्यापक आग लग रही है, जो स्वतः ही और तेज़ी से फैल रही है।

अग्नि प्रलय के कारण ग्लोबल वॉर्मिंग की तीव्रता बढ़ रही है, जिससे पृथ्वी पर जलवायु संतुलन बिगड़ रहा है।

पृथ्वी तत्त्व का असंतुलनः-

भूकंपों की आवृत्ति और तीव्रता में बढ़ोतरी हो रही है, जो यह दर्शाता है कि पृथ्वी की भूगर्भीय संरचना अस्थिर हो रही है।

जमीन में विशाल दरारें पड़ रही हैं, जिनका विस्तार लगातार बढ़ रहा है।

प्रति वर्ष लाखों हेक्टेयर कृषि भूमि का नष्ट हो रही है, जिससे वैश्विक स्तर पर खाद्य संकट उत्पन्न हो रहा है।

भूमि अस्थिरता से कई स्थानों पर भूस्खलन और भूगर्भीय हलचल तीव्र हो रही हैं।

जल तत्त्व का असंतुलनः-

कई देशों और शहरों में जल संकट गहराता जा रहा है। कई कई शहरों में पीने योग्य पानी नहीं बचा है।

असमय में अत्यधिक वर्षा और बाढ़ के कारण पूरे के पूरे गाँव और शहर जलमग्र हो रहे हैं।

समुद्र और नदियों का जल स्तर अचानक बढ़ रहा है, जिससे तटीय इलाके जलमग्र हो रहे हैं और बहुत से द्वीप डूब रहे हैं।

सुनामी पहले से और अधिक संख्या में बढ़ रही हैं।

वायु तत्त्व का असंतुलनः-

चक्रवातों और तूफानों की संख्या और तीव्रता में वृद्धि हो रही है।

हवा की गति और दाब में असंतुलन के कारण वातावरण अस्थिर हो रहा है।

अत्यधिक धूल भरी आँधियाँ, जो कई स्थानों पर जनजीवन प्रभावित कर रही हैं।

आकाश तत्त्व का असंतुलनः-

सूर्य की चमक में असामान्य वृद्धि हो रही है, जिससे पृथ्वी के वायुमंडल पर बुरा प्रभाव पड़ रहा है।

ग्रहों की कक्षाओं में हलचल से मौसम और जलवायु परिवर्तन की तीव्रता बढ़ रही है।

सौर तूफानों की तीव्रता में बढ़ोतरी के कारण विद्युत और संचार प्रणाली प्रभावित हो रही है।

जलवायु परिवर्तन के कारण उत्तरी ध्रुव में हिमखंड तेजी से पिघल रहे हैं। हिमालय में भी जलवायु परिवर्तन का गहरा असर पड़ रहा है, जिससे हिमालयी क्षेत्रों का तापमान बढ़ रहा है, और बर्फ तेजी से पिघल रही है। जलवायु परिवर्तन के कारण उत्तरी ध्रुव में बड़े बड़े हिमखंड समुद्र में समा गए हैं।

युग परिवर्तन के यह संकेत पहले कभी क्यों इतने स्पष्ट नहीं थे?

वर्तमान समय में जो घटनाएँ घट रही हैं, वे पहले इतनी तीव्र और व्यापक नहीं थीं। पहले प्राकृतिक आपदाएँ किसी एक क्षेत्र तक सीमित रहती थीं, लेकिन आज वे वैश्विक स्तर पर देखने को मिल रही हैं। जलवायु असंतुलन ने चरम स्तर को छू लिया है। वैज्ञानिकों द्वारा पुष्टि की गई भविष्यवाणियाँ, जिनमें बताया गया है कि पृथ्वी पर जलवायु परिवर्तन की गति अप्रत्याशित रूप से बढ़ रही है। भौगोलिक परिवर्तन पहले से कहीं अधिक तीव्र और विनाशकारी हो चुके हैं।

सौर तूफानों और ग्रहों की हलचल से स्पष्ट होता है कि यह केवल एक सामान्य प्राकृतिक चक्र नहीं, बल्कि एक वैश्विक परिवर्तन है।

युग परिवर्तन में ईश्वरीय हस्तक्षेप अनिवार्य है।

सनातन धर्म के अनुसार, जब भी युग परिवर्तन होता है, भगवान स्वयं अवतरित होकर धर्म की पुन: संस्थापना करते हैं।

2012 में भगवान कल्कि को लेकर अधिक चर्चा नहीं थी, पर आज पूरे विश्व में भगवान कल्कि की चर्चा हो रही है।

जब अधर्म अपने चरम पर पहुँचता है, तब धर्म की पुनर्स्थापना के लिए भगवान अवतार ग्रहण करते हैं, और संसार तथा भक्तों की रक्षा करते हैं।

भगवान श्रीकृष्ण ने भगवद् गीता में कहा है कि जब-जब अधर्म बढ़ेगा, तब-तब मैं अवतार लूँगा।

वर्तमान समय में ऐसी दिव्य अनुभूतियाँ प्राप्त हो रही हैं, जिससे संकेत मिलता है कि धर्म की पुनर्स्थापना का समय निकट है।

"सुधर्म महा महासंघ" जैसी संस्थाएँ सनातन धर्म के पुनर्जागरण में महत्वपूर्ण भूमिका निभा रही हैं।

युग परिवर्तन और महायुद्ध (तृतीय विश्व युद्ध) की संभावनाः-

त्रेता युग में भगवान श्रीराम ने रावण के साथ महायुद्ध किया तथा अधर्म का अंत कर धर्म की संस्थापना की थी।

द्वापर युग में भी भगवान श्रीकृष्ण महाभारत युद्ध के माध्यम से धर्मराज्य की पुनर्स्थापना किए थे।

कलियुग के अंत में भी महायुद्ध (तृतीय विश्व युद्ध) होगा जिस युद्ध में अधर्म पूर्णतः नष्ट होगा और सत्य सनातन धर्म की संस्थापना होगी।

क्या हम सतयुग की ओर बढ़ रहे हैं?

सनातन धर्म की जागरूकता वैश्विक स्तर पर बढ़ रही है।

दिव्य अनुभूतियाँ और धार्मिक पुनर्जागरण तेज़ी से हो रहा है।

विश्व में अधर्म और धर्म का संघर्ष चरम सीमा पर पहुँच चुका है।

सभी संकेत स्पष्ट कर रहे हैं कि युग परिवर्तन अपने अंतिम चरण में है।

लेकिन अब धर्म संस्थापना का समय आ गया है। आगे अधर्म की रक्षा नहीं होगी और संसार के पापी मनुष्यों के लिए इस महाविनाश से बच पाना कठिन है।

रक्षा का मार्ग केवल त्रिकाल संध्या, श्रीमद् भागवत महापुराण पठन और माधव नाम भजन ही होगा।

अध्याय - 29

धर्म संस्थापना की मुख्य संख्या

07, 17, 27, 13

7, 17, 27, 13 तारीख तथा मंगलवार, शनिवार, गुरुवार, धर्म संस्थापना में संख्या का क्या महत्व है?

लेखक पंडित काशीनाथ मिश्रः-

मैंने उड़ीसा के पुण्य पवित्र पंच सखा कृत मालिका ग्रंथों का संग्रह करके उनका मूल तत्व और उनके विस्तृत तत्व को विचार करके एक पवित्र भाव से मानव लोगों के कल्याण के लिए तथा मानव लोगों के बोधगम्य के लिए इस मूल तत्व को अपनी भाषा से रचना की है। मेरा विश्वास है, यह रचना मानव सभ्यता के लिए बड़ी कल्याणकारी होगी।

अभी कलियुग अंत हो चुका है, और सत्ययुग का सामान्य आभास धरती पर आ रहा है। पर आगे सत्ययुग को बनाने के लिए भगवान विष्णु धरती पर बड़ा परिवर्तन लाएंगे। मनुष्य समाज में जिस भावधारा तथा कर्म में मानव लोग रह रहे हैं, उसमें संपूर्ण परिवर्तन होगा। भविष्य मालिका, त्रिकाल संध्या, भागवत पठन तथा माधव नाम के प्रचार के माध्यम से

मनुष्य लोगों के आचरण, उच्चारण और तामसिक स्थिति में परिवर्तन आएगा। विश्व में अल्पसंख्यक पवित्र मानव त्रिकाल संध्या और भागवत पठन करेंगे। वह लोग त्रिकाल संध्या, भागवत पठन और माधव नाम के माध्यम से सदाचारी बनेंगे और दिव्य शक्ति को धारण करेंगे तथा उनके शरीर में सत्ययुग का बीज रोपण हो जाएगा। उन्हीं पवित्र मानवों के सामाजिक जीवन में सत्ययुग के लक्षण दिखाई देंगे। उन्हीं लोगों के माध्यम से सारा ब्रह्मांड परिवर्तन होगा तथा वह लोग भी सत्ययुग का आचरण तथा कर्म करेंगे। उसी समय आगे चलकर तृतीय विश्व युद्ध और पंचभूत प्रलय बड़े प्रभावशाली रूप से प्रत्यमान होगा। चाहे पंचभूत का प्रलय हो या तृतीय विश्व युद्ध हो इसमें त्रिकाल संध्या, भागवत पठन तथा माधव नाम भजन करने वाले भक्तों का कुछ नहीं होगा। एक तरफ से धरती पर विनाश लीला होगी दूसरी तरफ से भक्त और भगवान की लीला बढ़ते जाएगी। इस समय धरती पर पूर्ण प्रलय (ब्रह्म प्रलय) नहीं होगा। खंड प्रलय के माध्यम से भगवान कल्कि नव सत्ययुग का निर्माण करेंगे। ऐसा समय आएगा, दुनिया में एक भी पाप कर्म करने वाला मनुष्य नहीं बचेगा। जो लोग त्रिकाल संध्या, भागवत पठन तथा माधव नाम भजन करते हैं, वही लोग सत्ययुग को उत्तीर्ण होंगे और शेष समय में भगवान कल्कि का सानिध्य लाभ भी करेंगे।

आगे विश्व में आने वाले जल प्रलय, अग्नि प्रलय, वायु प्रलय (तूफान, टॉरनेडो), भूमि प्रलय (भूकंप), अंतरिक्ष प्रलय (उल्कापात), तृतीय विश्व

युद्ध और रोग महामारी के सृष्टि होने की तारीख 7, 17, 27 और 13 तथा मंगलवार, गुरुवार और शनिवार के दिनांक, वार और संख्या को लेकर धरती पर खंड प्रलय संगठित होगा।

अध्याय - 30

पापों का प्रायश्चित

क्या अभी तक जो लोग पाप किए हैं, उनके उद्धार का कोई मार्ग है?

भगवान का नाम शरण रक्षण, दीनबंधु, तारणहार है। हमने शास्त्रों में पढ़ा है, भगवान शिशुपाल को 100 भूल तक क्षमा दिए थे। विभीषण ने असुर होकर बहुत से पाप कर्म किए, फिर भी भगवान की शरण में आने पर भगवान राम ने उन्हें अमर बनाया तथा लंका देश का राजा भी बनाया। भगवान ने सत्ययुग में गयासुर जैसे बड़े असुर को भी क्षमा दिए थे। प्रभु सबको क्षमा दान देते हैं पर इस पवित्र तत्व को मनुष्य समझ नहीं पाता है। इसीलिए अभी भी समय है जो मानव सत्ययुग को जाना चाहते हैं, पहले शाकाहारी बनें, श्रीमद् भागवत महापुराण का हर दिन एक अध्याय पठन करें और ठीक समय पर त्रिकाल संध्या करें, जब भी समय मिले माधव नाम भजन करें। इसी पवित्र तत्व के माध्यम से मानव सभ्यता की रक्षा हो सकती है, और मानव लोग अब तक किए हुए पापों का शोधन करके वह भी दिव्य मानव बन पाएंगे और सत्ययुग को जाने लायक भी बनेंगे। अभी भी हमारे हाथ में समय है, भगवान की शरण में जाकर उनकी

कृपा प्राप्त कर सकते हैं। जिस दिन से यह पुस्तक (वाणी) आपको प्राप्त होती है उसी दिन से समय नष्ट न करके यह दिव्य अमर वाणी का पालन करें।

"श्रीमद् भागवत महापुराण" षष्ठ स्कंद के तीसरे अध्याय के 23 से 27 श्लोक में यमराज जी यमदूतों से भगवान के नाम कीर्तन करने की महिमा बताते हुए कहते हैं जो प्रभु नारायण का नाम कीर्तन करता है वह मानव मृत्यु पाश से छूट जाता है।

ते देवसिद्धपरिगीतपवित्रगाथा ये साधवः समदृशो भगवत्प्रपन्नाः। तान् नोपसीदत हरेर्गदयाभिगुप्तान् नैषां वयं न च वयः प्रभवाम दण्डे॥

यमराज जी यमदूतों के आदेश देते हैं कि तुम नाम कीर्तन करने वाले मनुष्य के पास कभी मत जाना क्योंकि उनको दंड देने की सामर्थ्य तो काल में भी नही है। और अगर गलती से भी उनसे कोई पाप हो जाए तो वो तत्काल ही नाम कीर्तन से नष्ट हो जाते हैं। और भगवान नारायण की गदा सदा उनकी रक्षा करती है।

शुकदेव जी भी बताते हैं कि बड़े से बड़े पापों का प्रायश्चित भी भगवान के नाम कीर्तन से हो जाता है।

महापुरुष अच्युतानंद दास "कलि भविष्य" ग्रंथ में लिखे हैं:-

भारत देश करिबे साधन।

दिल्ली गादिरे बसिबे ब्राह्मण।

महा सुरवंत भकत सेही।

राम राज्य हेब भारत भुईं।

एमंत जुग भोग करि शेष।

अंतरध्यान हेबे जगन्निवास।

इस दोहे का अर्थ तृतीय भाग पुस्तक में लिखा जाएगा।

अध्याय - 31

त्रिकाल संध्या

किन-किन ग्रंथों में त्रिकाल संध्या के बारे में क्या-क्या वर्णन है?

ब्रह्म वैवर्त पुराण:-

"ब्रह्म वैवर्त पुराण" में लिखा है, जो मनुष्य प्रातः, मध्यान्ह और सांय के समय त्रिकाल संध्या नहीं करता, वह ब्रह्म हत्या और आत्महत्या के पाप का भागी होता है। जीवन पर्यंत त्रिकाल संध्या करने वाले मनुष्य में तेज अथवा तप के प्रभाव से सूर्य के समान तेजस्विता आ जाती है। जिस मनुष्य के हृदय में संध्या के प्रभाव से पाप स्थान नहीं पा सके हों, वह तेजस्वी मनुष्य जीवन मुक्त ही है। पाप उसे छोड़कर वैसे ही भाग जाते हैं, जैसे गरुड़ को देखकर सांपों में भगदड़ मच जाती है। त्रिकाल संध्या न करने वाले द्विज के दिए हुए पिंड और तर्पण को उसके पित्र इच्छापूर्वक ग्रहण नहीं करते तथा देवगण भी उसे लेना नहीं चाहते हैं।

"ब्रह्मांड पुराण" और **"मार्कंडेय पुराण"** में त्रिकाल संध्या के बारे में वर्णनः-

प्रातः काल की संध्या उस समय करनी चाहिए जब आसमान में तारे दिखाई देते हों। इसी प्रकार सांय काल की संध्या सूर्यास्त से पहले आरंभ करनी चाहिए। आपात काल के सिवा और किसी भी समय त्रिकाल संध्या का त्याग नहीं करना चाहिए। प्रातः काल, मध्यान काल और सांय काल में भगवान नारायण का स्मरण करने वाला मनुष्य तत्काल पाप मुक्त हो जाता है।

लिंग पुराणः-

प्रत्येक मनुष्य को प्रसन्न चित्त मन से त्रिकाल संध्या करनी चाहिए। त्रिकाल संध्या ब्रह्म मुहूर्त में सूर्योदय से पूर्व, मध्यान्ह तथा सांय काल में सूर्यास्त से पूर्व विधि पूर्वक काम, क्रोध, लोभ, मोह को त्याग कर करनी चाहिए। संध्या का उल्लंघन करने से मनुष्य पतीत हो जाता है।

मत्स्य पुराणः-

माता पार्वती जी ने 100 वर्ष तक नियम तथा संयम के साथ त्रिकाल संध्या करके भगवान शिव को वर के रूप में प्राप्त किया था।

इंद्र, ब्रह्मा, रूद्र, प्रजापति तथा सभी देवता संध्योपासन करते हैं।

गरुड़ पुराणः-

भगवान महाविष्णु धर्म स्वरूप हैं। पूजा, तर्पण, हवन, त्रिसंध्या, ध्यान, धारण आदि जो भी सत्कर्म हैं, वह सब के सब हरि ही हैं।

श्रीमद् भागवत महापुराणः-

दक्ष प्रजापति सृष्टि की वृद्धि के लिए त्रिकाल संध्या और तपस्या के द्वारा भगवान की आराधना करते थे। जो मनुष्य त्रिकाल संध्या नहीं करते उनका जीवन मृतवत के समान है। उनके जीवन का लक्ष्य पूर्ण नहीं होता है।

समग्र विश्व के सभी सनातन धर्मी मनुष्यों को मेरा निवेदन :-

अभी कलियुग का अंत हो चुका है श्रीमद् भागवत महापुराण, श्रीमद् महाभारत, श्रीमद् रामायण, विष्णु पुराण, ब्रह्म वैवर्त पुराण, वायु पुराण, गर्ग संहिता, मनु स्मृति, सुर्य सिद्धांत, निर्णय सिंधु और जगन्नाथ संस्कृति के अनुसार सनातन धर्म का आखिरी ग्रंथ भविष्य मालिका पुराण, भगवान महाविष्णु के नित्य पंच सखा (महापुरुष अच्युतानंद दास, महापुरुष जगन्नाथ दास, महापुरुष जसोवन्त दास, महापुरुष शिशु

अनंत दास और महापुरुष बलराम दास) के अनुसार कलियुग का अभी 5128 वां साल (2025 में) चल रहा है, और कलियुग का अंत हो चुका है।

इस समय सारे विश्व में जल प्रलय (सुनामी, बाढ़ आना, अनियमित वर्षा का होना, जगह जगह बादल फटना आदि), वायु प्रलय (चक्रवात, आंधी तूफान, धूल के बवंडर आदि), अग्नि प्रलय (विश्व युद्ध, जंगलों की आग, ज्वालामुखी विस्फोट, कल कारखानों में आग लगना, देव मंदिर में आग लगना, घर-घर में आग लगना, दुकानों में आग लगना, यंत्रों में आग लगना, जल में आग लगना, अंटार्टिका में आग लगना आदि), अंतरिक्ष प्रलय (उल्कापात, वायुमंडल का असाधारण परिवर्तन, ग्रह नक्षत्रों में असाधारण परिवर्तन, कई सूर्यों के उदय का समय, सौर तूफान आदि), धरती प्रलय (भूकंप, भूस्खलन, महादेशों की भौगोलिक स्थिति में परिवर्तन आदि) ये सब पंचभूत प्रलय अगले समय में बड़ी आपद लाएंगे जो संपूर्ण विश्व के सभी मनुष्यों को कवलित कर अधिकृत कर लेगा। साथ ही 64 प्रकार की बड़ी बड़ी महामारियां (कैंसर, हार्ट अटैक, गैस स्ट्राइक (वायु रोग), स्किन डिसीस, ब्लड वोमिटिंग, ब्रेन स्ट्रोक (सर घूमना), इनडाइजेशन आदि) जैसी कई बिमारियाँ मानव समाज में किसी को नहीं छोड़ेंगी और सांप्रदायिक हिंसा की घटनाएं (जाति भेद दंगे, नस्ल भेद दंगे, गुट निरपेक्ष दंगे आदि) घटित होंगी। अधर्म के कारण लोगों का खाद्य शरीर में नहीं पचेगा जिस कारण रोग बढ़ेंगे।

मानव सभ्यता का उद्धार का एक मात्र तत्व है त्रिकाल संध्या की अमृत धारा। इस धारा को कोई भी जाति, धर्म, संस्कृति के मानव अनुसरण कर के उद्धार हो सकते हैं। समय आ रहा है सभी धर्मों का मिलन होकर एक धर्म बनेगा जिसका नाम "सनातन धर्म" है। और सारे संसार में शांति और खुशहाली आएगी। ये तत्व भगवान आदि ब्रह्म सनातन के अष्टादश पुराण का मूल तत्व (मूल बीज) है। इस तत्व को जो मानव अनुसरण करेंगे वो भगवान "कल्कि राम" की कृपा प्राप्त करेंगे और सारी तकलीफों से और आपदाओं से सुरक्षित रहेंगे।

अभी कलियुग के अंत के बारे में मानव समाज को जानकारी नहीं है इस कारण मानव सभ्यता के कल्याण के लिए इस पवित्र तत्व को मैं समर्पित कर रहा हूँ।

समय बहुत कम है आने वाले समय को विनियोग करके त्रिकाल संध्या का पालन करके कल्याण का मार्ग प्राप्त करें।

1. गायत्री मंत्र

ॐ भूर्भुवः स्वः।

तत्सवितुर्वरेण्यं।

भर्गो देवस्य धीमहि।

धियो यो नः प्रचोदयात्।

2. भगवान महाविष्णु जी के धर्म संस्थापना के 16 नाम

भगवान महाविष्णु जी के धर्म संस्थापना के 16 नाम चतुर्युग के अवतारों के सबसे महत्वपूर्ण 16 अवतारों के नाम हैं।

यह मंत्र मानव जीवन के जन्म से मृत्यु, और जीव चक्र बंधन से, सामाजिक, भौतिक और पारिवारिक आपदा से रक्षा पाने के लिए प्रतिफलदायक है।

श्री विष्णु षोडश नाम श्लोक

औषधे चिन्तये विष्णुं।

भोजने च जनार्दनम् ।।

औषधि लेते समय भगवान श्रीविष्णु (जो सृष्टि का भरण, पोषण और पालन करने वाले हैं) का स्मरण करें, भोजन करते समय जनार्दन (लोगों के कष्ट हरने वाले भगवान श्रीकृष्ण) का स्मरण करें।

शयने पद्मनाभं च ।

विवाहे च प्रजापतिम् ।।

सोते समय भगवान पद्मनाभ (जिनके श्री चरण कमल की तरह सुकोमल हैं) का स्मरण करे।

विवाह के समय भगवान प्रजापति (सृष्टि की सर्जना करने वाले) का स्मरण करें।

युद्धे चक्रधरं देवं ।
प्रवासे च त्रिविक्रमम् ।।

युद्ध के समय चक्रधर भगवान (चक्रधारी भगवान श्रीविष्णु/श्रीकृष्ण) का स्मरण करें। प्रवास (यात्रा) के समय पर त्रिविक्रम (भगवान दत्तात्रेय) का स्मरण करें।

नारायणं तनुत्यागे ।
श्रीधरं प्रियसङ्गमे ।।

मृत्यु के समय भगवान नारायण का स्मरण करें ।
परिवार में शांति और पति-पत्नी में सुख शांति के लिए भगवान श्रीधर (देवी लक्ष्मी के पति) का स्मरण करें ।

दुस्स्वप्रे स्मर गोविन्दं ।
सङ्कटे मधुसूदनम् ।।

बुरे स्वप्र आते हों तो गोविंद (गोवर्धन को धारण करने वाले भगवान श्री कृष्ण) का स्मरण करें।

संकट के समय में भगवान मधुसूदन (मधु नामक दैत्य को मारने वाले, भगवान श्रीकृष्ण) का स्मरण करें।

कानने नारसिंहं च ।
पावके जलशायिनम् ।।

जंगल में संकट के समय भगवान नृसिंह का स्मरण करें।
अग्नि संकट के समय भगवान के जलशायीन अवतार का स्मरण करें।

जलमध्ये वराहं च ।
गमने वामनं चैव ।।

पानी में डूबने का भय हो तो भगवान वराह का स्मरण करें।
मार्ग में गमन करते समय भगवान वामन का स्मरण करें।

पर्वते रघुनन्दनम् ।
सर्व कार्येषु माधवम् ।।

पर्वत पर संकट के समय रघुनंदन भगवान श्री राम का स्मरण करें।
स्वर्ग, मृत्य, पाताल और कोटि ब्रह्मांड में किसी भी आपद के समय भगवान माधव नाम का स्मरण करें।

षोडशैतानि नामानि ।

प्रातः रूत्याय यः पठेत् ।।

जो हर दिन प्रातः (त्रिसंध्या) के समय भगवान विष्णु के इन सोलह पवित्र नामों का पाठ करता है।

सर्वपापविनिर्मुक्तो

विष्णुलोके महीयते ।

वह अपने सभी पापों से मुक्त हो जाएगा, और जब वह शरीर का त्याग करेगा, वह वैकुंठ लोक (गोलोक धाम) को प्राप्त करेगा।

३. दशावतार स्तुति

भगवान महाविष्णु जी ने चारों युगों में महत्वपूर्ण 24 अवतार धारण करके धरती माता का उद्धार किया था।
जिसमें से धर्म संस्थापना के मुख्य 10 अवतार हैं। जो मनुष्य इस दश अवतार के श्लोक को रोज त्रिसंध्या के माध्यम से प्रार्थना करते हैं, उन सभी मानव का सांसारिक, भौतिक, पारिवारिक आपदा से उद्धार हो जाता है, और मानव जीवन के सबसे बड़े दुर्लभ परम पद मोक्ष गति को प्राप्त होता है।

दशावतार स्त्रोत श्लोक

प्रलय पयोधि-जले धृतवान् असि वेदम् ।

विहित वहित्र-चरित्रमखेदम् ।

केशव धृत-मीन-शरीर, जय जगदीश हरे ।।

(मत्स्य अवतार)

क्षितिरतिविपुलतरे तव तिष्ठति पृष्ठे ।

धरणि- धारण-किण चक्र-गरिष्ठे ।

केशव धृत-कच्छप रूप जय जगदीश हरे ।।

(कच्छप अवतार)

वसति दशन शिखरे धरणी तव लग्ना ।

शशिनि कलंक कलेव निमग्ना ।

केशव धृत शूकर रूप जय जगदीश हरे ।।

(वराह अवतार)

तव कर-कमल-वरे नखम् अद्भुत शृंगम् ।

दलित-हिरण्यकशिपु-तनु-भृंगम् ।

केशव धृत-नरहरि रूप जय जगदीश हरे ।।

(नरसिंह अवतार)

छलयसि विक्रमणे बलिम् अद्भुत-वामन ।

पद-नख-नीर-जनित-जन-पावन ।

केशव धृत-वामन रूप जय जगदीश हरे ।।

(वामन अवतार)

क्षत्रिय-रुधिर- मये जगद-अपगत-पापम स्नपयसि ।

पयसि समित-भव-तापम ।

केशव धृत - भृगुपति रूप जय जगदीश हरे ।।

(परशुराम अवतार)

वितरसि दिक्षु रणे दिक्-पति-कमनीयम् ।

दश-मुख-मौलि-बलिम् रमणीयम् ।

केशव धृत- रघुपति- रूप जय जगदीश हरे ।।

(राम अवतार)

वहसि वपुशि विसदे वसनम् जलदाभम् ।

हल-हति-भीति-मिलित-यमुनाभम् ।

केशव धृत-हलधर रूप जय जगदीश हरे ।।

(बलराम अवतार)

नंदसि यज्ञ- विधेर् अहः श्रुति जातम् ।

सदय-हृदय-दर्शित-पशु-घातम् ।

केशव धृत-बुद्ध-शरीर जय जगदीश हरे ।।

(बुद्ध अवतार)

म्लेच्छ-निवह-निधने कलयसि करवालम् ।

धूमकेतुम् इव किम् अपि करालम् ।

केशव धृत-कल्कि-शरीर जय जगदीश हरे ।।

(कल्कि अवतार)

श्री-जयदेव-कवेर् इदम् उदितम् उदारम् ।

शृणु सुख-दम् शुभ-दम् भव-सारम् ।

केशव धृत-दश-विध-रूप जय जगदीश हरे ।।

4. दुर्गा माधव स्तुति

युग युग में माता योगमाया (राधा रानी) और भगवान महाविष्णु (श्रीकृष्ण) युग के अंत में धरा अवतरण करके धर्म संस्थापना करते हैं।

और इस समय कलियुग का अंत हो चुका है, और माता योग माया/दुर्गा देवी जी (महालक्ष्मी) के रूप में और भगवान श्री कृष्ण (माधव) के रूप में

सत्ययुग की प्रतिष्ठा और धर्म संस्थापना कार्य करने के लिए शास्त्रों के अनुसार अवतार हो चुके हैं।

इसी कारण सभी मनुष्यों को माता दुर्ग देवी और भगवान माधव जी का मंत्र (दुर्गा माधव स्तुति) भजन करना जरूरी है।

दुर्गा माधव स्तुति श्लोक

जय हे दुर्गा माधव कृपामय कृपामयी,
दुर्गान्कु सेबी माधव होइले मो दीअं साईं।

बहू रुपे जय दुर्गे, ब्यापी अछु सर्ब ठाबे,
रमा उमा बाणी राधा तो छड़ा अन्य के नाहिं।

मदन मोहन रुपे ब्यापी अछु सर्व ठाबे,
मोहन चित्त मोहिलू श्री सर्व मंगला तुही।

धर्म संस्थापने जन्म यदी हवन्ति नारायण,
दुर्गान्कु छाड़ी माधव खेलिबार शक्ति काहिं।

माधबन्क खेल पाईं देह धरू महामायी,
माधवन्कु पति पुत्र रुपे खेलाउछु तुही।

माधवन्कु दुर्गा कोले जेहूं देखे बेनी डोले,

ताहार भाग्यर कथा ब्रह्मा शिबे न जोगाई।

जय दुर्गति नाशिनी अभिराम र जननी,
शुभागमन करंतू माधवन्कु कोले नेई।

5. भगवान माधव (कल्कि राम) के 108 नाम भजन

इस समय कलियुग को 5128 साल चल रहा है। विभिन्न सनातन शास्त्रों/ग्रंथों और भविष्य मालिका पुराण के अनुसार भगवान माधव, कल्कि रूप में धरा अवतरण करेंगे इसकी रचना की गई है।

इसी कारण सभी सनातनियों को भगवान "माधव" का नाम भजन करना सबसे जरूरी महत्वपूर्ण तत्व है।

जिस प्रकार त्रेता युग में भगवान "राम" नाम से सभी मनुष्य, ऋषि, मुनि, देवता आदि का उद्धार हुआ था।

द्वापद् युग में भगवान "कृष्ण" नाम से सभी प्राणियों का उद्धार हुआ था। ठीक उसी प्रकार कलियुग के इस संहार समय (युग संधि काल) में "माधव" नाम ही उद्धार का एक मात्र सहारा है।

त्रिसंध्या का नियम

- प्रातः संध्या का समय रात 3:45 से सुबह 6:30 तक।

- मध्यान संध्या का समय दिन 11:30 से 12:30 तक।
- सायं संध्या का समय सूर्यास्त के 30 मिनट पहले से सूर्यास्त तक।

जो मनुष्य सत्ययुग को जाना चाहते हैं, वह ऊपर दिए गए सभी श्लोक को समय के साथ स्तुति करने पर मानव से देवत्व प्राप्त करके सत्ययुग को भोग कर सकते हैं।

श्री जगन्नाथ सहस्रनाम स्तोत्रम

॥ ॐ श्रीजगन्नाथाय नमो नमः ॥

चतुर्भुजो जगन्नाथः कण्ठशोभितकौस्तुभः ।
पद्मनाभो वेदगर्भश्चन्द्रसूर्यविलोचनः ॥ १ ॥

जगन्नाथो लोकनाभो नीलाद्रीशः परो हरिः ।
दीनबन्धुर्दयासिन्धुः कृपालुः जनरक्षकः ॥ २ ॥

कम्बुपाणिः चक्रपाणिः पद्मनाभो नरोत्तमः ।
जगतां पालको व्यापी सर्वव्यापी सुरेश्वरः ॥ ३ ॥

लोकराजो देवराजः शक्रो भूपश्च भूपतिः ।
नीलाद्रिपतिनाथश्च अनन्तः पुरुषोत्तमः ॥ ४ ॥

ताक्ष्योऽध्याय्यः कल्पतरुः विमलाप्रीतिवर्द्धनः ।
बलभद्रो वासुदेवो माधवो मधुसूदनः ॥ ५ ॥

दैत्यारिः पुण्डरीकाक्षो वनमाली बलप्रियः ।
ब्रह्मा विष्णुः वृष्णिवंशो मुरारिः कृष्णकेशवः ॥ ६ ॥

श्रीरामः सच्चिदानन्दो गोविन्दः परमेश्वरः ।
विष्णुर्जिष्णुर्महाविष्णुः प्रभविष्णुर्महेश्वरः ॥ ७ ॥

लोककर्ता जगन्नाथो महाकर्ता महायशाः ।
महर्षिः कपिलाचार्या लोकचारी सुरो हरिः ॥ ८ ॥

आत्मा च जीवपालश्च शूरः संसारपालकः ।
एकोनैको ममप्रियो ब्रह्मवादी महेश्वरः ॥ ९ ॥

द्विभुजश्च चतुर्बाहुः शतबाहुः सहस्रकः ।
पद्मपत्रविशालाक्षः पद्मगर्भः परो हरिः ॥ १० ॥

पद्महस्तो देवपालो दैत्यारिर्दैत्यनाशनः ।
चतुर्मूर्तिश्चतुर्बाहुश्चतुराननसेवितः ॥ ११ ॥

पद्महस्तश्चक्रपाणिः शङ्खहस्तो गदाधरः ।
महावैकुण्ठवासी च लक्ष्मीप्रीतिकरः सदा ॥ १२ ॥

विश्वनाथः प्रीतिदश्च सर्वदेवप्रियंकरः ।
विश्वव्यापी दारुरूपश्चन्द्रसूर्यविलोचनः ॥ १३ ॥

गुप्तगङ्गोपलब्धिश्च तुलसीप्रीतिवर्द्धनः ।
जगदीशः श्रीनिवासः श्रीपतिः श्रीगदाग्रजः ॥ १४ ॥

सरस्वतीमूलाधारः श्रीवत्सः श्रीदयानिधिः ।
प्रजापतिः भृगुपतिर्भार्गवो नीलसुन्दरः ॥ १५ ॥

योगमायागुणारूपो जगद्योनीश्वरो हरिः ।
आदित्यः प्रलयोद्धारी आदी संसारपालकः ॥ १६ ॥

कृपाविष्टः पद्मपाणिरमूर्तिर्जगदाश्रयः ।
पद्मनाभो निराकारः निर्लिप्तः पुरुषोत्तमः ॥ १७ ॥

कृपाकरः जगद्व्यापी श्रीकरः शङ्खशोभितः ।
समुद्रकोटिगम्भीरो देवताप्रीतिदः सदा ॥ १८ ॥

सुरपतिर्भूतपतिर्ब्रह्मचारी पुरन्दरः ।
आकाशवायुमूर्तिश्च ब्रह्ममूर्तिर्जलेस्थितः ॥ १९ ॥

ब्रह्मा विष्णुर्दृष्टिपालः परमोऽमृतदायकः ।
परमानन्दसंपूर्णः पुण्यदेवः परायणः ॥ २० ॥

धनी च धनदाता च धनगर्भो महेश्वरः ।
पाशपाणिः सर्वजीवः सर्वसंसाररक्षकः ॥ २१ ॥

देवकर्ता ब्रह्मकर्ता वषिष्ठो ब्रह्मपालकः ।
जगत्पतिः सुराचार्यो जगद्व्यापी जितेन्द्रियः ॥ २२ ॥

महामूर्तिर्विश्वमूर्तिर्महाबुद्धिः पराक्रमः ।
सर्वबीजार्थचारी च द्रष्टा वेदपतिः सदा ॥ २३ ॥

सर्वजीवस्य जीवश्च गोपतिर्मरुतां पतिः ।
मनोबुद्धिरहंकारकामादिक्रोधनाशनः ॥ २४ ॥

कामदेवः कामपालः कामाङ्गः कामवल्लभः ।
शत्रुनाशी कृपासिन्धुः कृपालुः परमेश्वरः ॥ २५ ॥

देवत्राता देवमाता भ्राता बन्धुः पिता सखा ।
बालवृद्धस्तनूरूपो विश्वकर्मा बलोऽबलः ॥ २६ ॥

अनेकमूर्तिः सततं सत्यवादी सांगतिः ।
लोकब्रह्म बृहद्ब्रह्म स्थूलब्रह्म सुरेश्वरः ॥ २७ ॥

जगद्व्यापी सदाचारी सर्वभूतश्च भूपतिः ।
दुर्गपालः क्षेत्रनाथो रतीशो रतिनायकः ॥ २८ ॥

बली विश्वबलाचारी बलदो बलि-वामनः ।
दरहासः शरच्चन्द्रः परमः परपालकः ॥ २९ ॥

अकारादिमकारान्तो मध्योकारः स्वरूपधृक् ।
स्तुतिस्थायी सोमपाश्च स्वाहाकारः स्वधाकरः ॥ ३० ॥

मत्स्यः कूर्मो वराहश्च नरसिंहश्च वामनः ।
परशुरामो रामो दशरथात्मजः ॥ ३१ ॥

देवकीनन्दनः श्रेष्ठो नृहरिः नरपालकः ।
वनमाली देहधारी पद्ममाली विभूषणः ॥ ३२ ॥

मल्लीकामालधारी च जातीयूथिप्रियः सदा ।
बृहत्पिता महापिता ब्राह्मणो ब्राह्मणप्रियः ॥ ३३ ॥

कल्पराजः खगपतिर्देवेशो देववल्लभः ।
परमात्मा बलो राज्ञां माङ्गल्यं सर्वमङ्गलः ॥ ३४ ॥

सर्वबलो देहधारी राज्ञां च बलदायकः ।
नानापक्षिपतङ्गानां पावनः परिपालकः ॥ ३५ ॥

वृन्दावनविहारी च नित्यस्थलविहारकः ।
क्षेत्रपालो मानवश्च भुवनो भवपालकः ॥ ३६ ॥

सत्त्वं रजस्तमोबुद्धिरहङ्कारपरोऽपि च ।
आकाशंगः रविः सोमो धरित्रीधरणीधरः ॥ ३७ ॥

निश्चिन्तो योगनिद्रश्च कृपालुः देहधारकः ।
सहस्रशीर्षा श्रीविष्णुर्नित्यो जिष्णुर्निरालयः ॥ ३८ ॥

कर्ता हर्ता च धाता च सत्यदीक्षादिपालकः ।
कमलाक्षः स्वयम्भूतः कृष्णावर्णो वनप्रियः ॥ ३९ ॥

कल्पद्रुमः पादपारिः कल्पकारी स्वयं हरिः ।
देवानां च गुरुः सर्वदेवरूपो नमस्कृतः ॥ ४० ॥

निगमागमचारी च कृष्णागम्यः स्वयंयशः ।
नारायणो नराणां च लोकानां प्रभुरुत्तमः ॥ ४१ ॥

जीवानां परमात्मा च जगद्वन्द्यः परो यमः ।
भूतावासौ परोक्षश्च सर्ववासी चराश्रयः ॥ ४२ ॥

भागीरथी मनोबुद्धिर्भवमृत्युः परिस्थितः ।
संसारप्रणयी प्रीतः संसाररक्षकः सदा ॥ ४३ ॥

नानावर्णधरो देवो नानापुष्पविभूषणः ।
नन्दध्वजो ब्रह्मरूपो गिरिवासी गणाधिपः ॥ ४४ ॥

मायाधरो वर्णधारी योगीशः श्रीधरो हरिः ।
महाज्योतिर्महावीर्यो बलवांश्च बलोद्भवः ॥ ४५ ॥

भूतकृत् भवनो देवो ब्रह्मचारी सुराधिपः ।
सरस्वती सुराचार्यः सुरदेवः सुरेश्वरः ॥ ४६ ॥

अष्टमूर्तिधरो रुद्र इच्छामूर्तिः पराक्रमः ।
महानागपतिश्चैव पुण्यकर्मा तपश्चरः ॥ ४७ ॥

दिनपो दीनपालश्च दिव्यसिंहो दिवाकरः ।
अनभोक्ता सभोक्ता च हविर्भोक्ता परोऽपरः ॥ ४८ ॥

मन्त्रदो ज्ञानदाता च सर्वदाता परो हरिः ।
परर्द्धिः परधर्मा च सर्वधर्मनमस्कृतः ॥ ४९ ॥

क्षमादश्च दयादश्च सत्यदः सत्यपालकः ।
कंसारिः केशिनाशी च नाशनो दुष्टनाशनः ॥ ५० ॥

पाण्डवप्रीतिदश्चैव परमः परपालकः ।
जगद्धाता जगत्कर्ता गोपगोवत्सपालकः ॥ ५१ ॥

सनातनो महाब्रह्म फलदः कर्मचारिणाम् ।
परमः परमानन्दः परर्द्धिः परमेश्वरः ॥ ५२ ॥

शरणः सर्वलोकानां सर्वशास्त्रपरिग्रहः ।
धर्मकीर्तिर्महाधर्मो धर्मात्मा धर्मबान्धवः ॥ ५३ ॥

मनःकर्ता महाबुद्धिर्महामहिमदायकः ।
भूर्भुवः स्वो महामूर्तिः भीमो भीमपराक्रमः ॥ ५४ ॥

पथ्यभूतात्मको देवः पथ्यमूर्तिः परात्परः ।
विश्वाकारो विश्वगर्भः सुरामन्दो सुरेश्वरः ॥ ५५ ॥

भुवनेशः सर्वव्यापी भवेशः भवपालकः ।
दर्शनीयश्चतुर्वेदः शुभाङ्गो लोकदर्शनः ॥ ५६ ॥

श्यामलः शान्तमूर्तिश्च सुशान्तश्चतुरोत्तमः ।
सामप्रीतिश्च ऋक् प्रीतिर्यजुषोऽथर्वणप्रियः ॥ ५७ ॥

श्यामचन्द्रश्चतुमूर्तिश्चतुर्बाहुश्चतुर्गतिः ।
महाज्योतिर्महामूर्तिर्महाधामा महेश्वरः ॥ ५८ ॥

अगस्तिर्वरदाता च सर्वदेवपितामहः ।
प्रह्लादस्य प्रीतिकरो ध्रुवाभिमानतारकः ॥ ५९ ॥

मण्डितः सुतनुर्दाता साधुभक्तिप्रदायकः ।
ॐकारश्च परंब्रह्म ॐ निरालंबनो हरिः ॥ ६० ॥

सद्व्रतिः परमो हंसो जीवात्मा जननायकः ।
मनश्चिन्त्यश्चित्तहारी मनोज्ञश्चापधारकः ॥ ६१ ॥

ब्राह्मणो ब्रह्मजातीनामिन्द्रियाणां गतिः प्रभुः ।
त्रिपादादूर्द्दद्ध्वसम्भूतो विराट् चैव सुरेश्वरः ॥ ६२ ॥

परात्परः परः पादः पद्मस्थः कमलासनः ।
नानासन्देहविषयस्तत्त्वज्ञानाभिनिवृतः ॥ ६३ ॥

सर्वज्ञश्च जगद्बन्धुर्मनोजज्ञातकारकः ।
मुखसंभूतविप्रस्तु वाहसम्भूतराजकः ॥ ६४ ॥

ऊरोवैश्यः पदोभूतः शूद्रो नित्योपनित्यकः ।
ज्ञानी मानी वर्णदश्च सर्वदः सर्वभूषितः ॥ ६५ ॥

अनादिवर्णसन्देहो नानाकर्मोपरिस्थितः ।
शुद्धादिधर्मसन्देहो ब्रह्मदेहः स्मितananनः ॥ ६६ ॥

शंबरारिर्वेदपतिः सुकृतः सत्त्ववर्द्धनः ।
सकलं सर्वभूतानां सर्वदाता जगन्मयः ॥ ६७ ॥

सर्वभूतहितैषी च सर्वप्राणिहिते रतः ।
सर्वदा देहधारी च बटको बटुगः सदा ॥ ६८ ॥

सर्वकर्मविधाता च ज्ञानदः करुणात्मकः ।
पुण्यसम्पत्तिदाता च कर्ता हर्ता तथैव च ॥ ६९ ॥

सदा नीलाद्रिवासी च नतास्यश्च पुरन्दरः ।
नरो नारायणो देवो निर्मलो निरुपद्रवः ॥ ७० ॥

ब्रह्माशाम्भुः सुरश्रेष्ठः कम्बुपाणिर्बलोऽर्जुनः ।
जगद्धाता चिरायुश्च गोविन्दो गोपवल्लभः ॥ ७१ ॥

देवो देवो महाब्रह्म महाराजो महागतिः ।
अनन्तो भूतनाथश्च अनन्तभूतसम्भवः ॥ ७२ ॥

समुद्रपर्वतानां च गन्धर्वाणां तथाऽऽश्रयः ।
श्रीकृष्णो देवकीपुत्रो मुरारिर्वेणुहस्तकः ॥ ७३ ॥

जगत्स्थायी जगद्व्यापी सर्वसंसारभूतिदः ।
रत्नगर्भो रत्नहस्तो रत्नाकरसुतापतिः ॥ ७४ ॥

कन्दर्परक्षाकारी च कामदेवपितामहः ।
कोटिभास्करसंज्योतिः कोटिचन्द्रसुशीतलः ॥ ७५ ॥

कोटिकन्दर्पलावण्यः काममूर्तिर्बृहत्तपः ।
मथुरापुरवासी च द्वारिको द्वारिकापतिः ॥ ७६ ॥

वसन्तऋतुनाथश्च माधवः प्रीतिदः सदा ।
श्यामबन्धुर्घनश्यामो घनाघनसमद्युतिः ॥ ७७ ॥

अनन्तकल्पवासी च कल्पसाक्षी च कल्पकृत् ।
सत्यनाधः सत्यचारी सत्यवादी सदास्थितः ॥ ७८ ॥

चतुर्मूर्तिश्चतुर्बाहुश्चतुर्युगपतिर्भवः ।
रामकृष्णो युगान्तश्च बलभद्रो बलो बली ॥ ७९

लक्ष्मीनारायणो देवः शालग्रामशिलाप्रभुः ।
प्राणोऽपानः समानश्चोदानव्यानौ तथैव च ॥ ८० ॥

पश्वात्मा पश्वतत्त्वं च शरणागतपालकः ।
यत्किंचित् दृश्यते लोके तत्सर्वं जगदीश्वरः ॥ ८१ ॥

जगदीशो महद्ब्रह्म जगन्नाथाय ते नमः ।
जगदीशो महद्ब्रह्म जगन्नाथाय ते नमः ।
जगदीशो महद्ब्रह्म जगन्नाथाय ते नमः ॥

इति श्रीजगन्नाथसहस्रनामस्तोत्रम् ॥ संपूर्ण ॥

श्री जगन्नाथाष्टकं

कदाचित् कालिन्दी तट विपिन सङ्गीत तरलो
मुदाभीरी नारी वदन कमला स्वाद मधुपः ।
रमा शम्भु ब्रह्मामरपति गणेशार्चित पदो
जगन्नाथः स्वामी नयन पथ गामी भवतु मे ॥१॥

भुजे सव्ये वेणुं शिरसि शिखिपिच्छं कटितटे
दुकूलं नेत्रान्ते सहचर-कटाक्षं विदधते ।
सदा श्रीमद्-वृन्दावन-वसति-लीला-परिचयो
जगन्नाथः स्वामी नयन-पथ-गामी भवतु मे ॥२॥

महाम्भोधेस्तीरे कनक रुचिरे नील शिखरे
वसन् प्रासादान्तः सहज बलभद्रेण बलिना ।
सुभद्रा मध्यस्थः सकलसुर सेवावसरदो
जगन्नाथः स्वामी नयन-पथ-गामी भवतु मे ॥३॥

कृपा पारावारः सजल जलद श्रेणिरुचिरो
रमा वाणी रामः स्फुरद् अमल पङ्केरुहमुखः ।
सुरेन्द्रैर् आराध्यः श्रुतिगण शिखा गीत चरितो
जगन्नाथः स्वामी नयन पथ गामी भवतु मे ॥४॥

रथारूढो गच्छन् पथि मिलित भूदेव पटलैः
स्तुति प्रादुर्भावम् प्रतिपदमुपाकर्ण्य सदयः ।
दया सिन्धुर्बन्धुः सकल जगतां सिन्धु सुतया
जगन्नाथः स्वामी नयन पथ गामी भवतु मे ॥५॥

परंब्रह्मापीड़ः कुवलय-दलोत्फुल्ल-नयनो
निवासी नीलाद्रौ निहित-चरणोऽनन्त-शिरसि ।
रसानन्दी राधा-सरस-वपुरालिङ्गन-सुखो
जगन्नाथः स्वामी नयन-पथगामी भवतु मे ॥६॥

न वै याचे राज्यं न च कनक माणिक्य विभवं
न याचेऽहं रम्यां सकल जन काम्यां वरवधूम् ।
सदा काले काले प्रमथ पतिना गीतचरितो
जगन्नाथः स्वामी नयन पथ गामी भवतु मे ॥७॥

हर त्वं संसारं द्रुततरम् असारं सुरपते
हर त्वं पापानां विततिम् अपरां यादवपते ।
अहो दीनेऽनाथे निहित चरणो निश्चितमिदं
जगन्नाथः स्वामी नयन पथ गामी भवतु मे ॥८॥

जगन्नाथाष्टकं पुन्यं यः पठेत् प्रयतः शुचिः ।

सर्वपाप विशुद्धात्मा विष्णुलोकं स गच्छति ॥९॥

॥ इति श्रीमत् शंकराचार्यविरचितं जगन्नाथाष्टकं संपूर्णम् ॥

श्री महालक्ष्म्यष्टकम्

नमस्तेस्तू महामाये श्रीपिठे सूरपुजिते ।
शंख चक्र गदा हस्ते महालक्ष्मी नमोस्तूते ॥१॥

नमस्ते गरूडारूढे कोलासूर भयंकरी ।
सर्व पाप हरे देवी महालक्ष्मी नमोस्तूते ॥२॥

सर्वज्ञे सर्ववरदे सर्वदुष्ट भयंकरी ।
सर्व दुःख हरे देवी महालक्ष्मी नमोस्तूते ॥३॥

सिद्धीबुद्धीप्रदे देवी भुक्तिमुक्ति प्रदायिनी ।
मंत्रमूर्ते सदा देवी महालक्ष्मी नमोस्तूते ॥ ४ ॥

आद्यंतरहिते देवी आद्यशक्ती महेश्वरी ।
योगजे योगसंभूते महालक्ष्मी नमोस्तूते ॥ ५ ॥

स्थूल सूक्ष्म महारौद्रे महाशक्ती महोदरे ।
महापाप हरे देवी महालक्ष्मी नमोस्तूते ॥ ६ ॥

पद्मासनस्थिते देवी परब्रम्हस्वरूपिणी ।
परमेशि जगन्मातर्र महालक्ष्मी नमोस्तूते ॥७॥

श्वेतांबरधरे देवी नानालंकार भूषिते ।
जगत्स्थिते जगन्मार्त महालक्ष्मी नमोस्तूते ॥८॥

महालक्ष्म्यष्टकस्तोत्रं य: पठत् भक्तिमात्ररः ।
सर्वसिद्धीमवाप्रोति राज्यं प्राप्रोति सर्वदा ॥९॥

एककाले पठेन्नित्यं महापापविनाशनं ।
द्विकालं य: पठेन्नित्यं धनधान्य समन्वित: ॥१०॥

त्रिकालं य: पठेन्नित्यं महाशत्रूविनाशनं ।
महालक्ष्मीर्भवेन्नित्यं प्रसन्ना वरदा शुभा ॥११॥

॥ इतिंद्रकृत श्रीमहालक्ष्म्यष्टकस्तव: संपूर्ण: ॥

लेखक पंडित काशीनाथ मिश्र का निवेदन

भारत के और विश्व के सभी साधु-संत और पवित्र सज्जन मानवों को मैं सादर प्रणाम करता हूं।

इस ग्रंथ को रचना करने का मेरा लक्ष्य यही है, यह जो उड़िया ग्रंथ आज से 600 साल पहले भगवान के नित्य पंच सखाओं ने रचना किए थे उस रचना को विश्व दरबार में उपस्थापन करना।

ग्रंथ तो अनेक है पर इन सभी मालिका ग्रंथों को अच्छी तरह से पढ़कर जो इनका मूल तत्व है तथा इस ग्रंथ का जो मूल लक्ष्य है उस तत्व को मैंने अपनी भाषा में भावांतर किया है। मैंने इसको कई मालिका ग्रंथों से संग्रह करके लिखा है।

मैं किसी भी मनुष्य को इस ग्रंथ को मानने के लिए बाध्य नहीं करता हूं। लेकिन जो मालिका शास्त्र के जिज्ञासु भक्त हैं, जो भगवान कल्कि तथा धर्म संस्थापना के विषय में भक्ति भाव के साथ मालिका के तत्व को जानना चाहते हैं, वही लोग इस ग्रंथ को अति भक्ति भाव के साथ पढ़ें। अगर इस ग्रंथ के बारे में किसी भी मनुष्य की कोई आपत्ति हो या कुछ भी मन की विचारधारा में गलत आता है अथवा भय पैदा होता है, तथा किसी भी मनुष्य को इस ग्रंथ के माध्यम से दुख या ठेस पहुंचती है तो मैं निवेदन करता हूं आप लोग दयापूर्वक इस ग्रंथ को अनुशरण मत करें।

जो लोग भक्ति भाव और विश्वास के साथ इस तत्व को जानना चाहते हैं, वही इस ग्रंथ को पढ़ें तथा अमल करें और अपने जीवन को बदलाएं। इसीलिए फिर एक बार मैं सभी को प्रणाम करता हूं। यह ग्रंथ भक्त लोगों के लिए एक विश्वास का प्रतीक है जो लोग इस सनातन शास्त्र को विश्वास में पढ़ना चाहते हैं वही लोग इसे अति विश्वास के साथ पढ़ें। जिन लोगों को इस ग्रंथ को पढ़ने से दुख होता है उन लोगों के लिए हम पहले से दुख प्रकट करते हैं और बार-बार निवेदन करते हैं आप इस ग्रंथ को मत अनुशरण करिए।

संसार के कल्याण के लिए भारत के और विश्व के सभी सनातन धर्मी साधु संत और पवित्र सज्जन मानव लोगों को हमारा निवेदन है, इस समय युग परिवर्तन हो चुका है। आगे नवयुग का निर्माण होगा। यह जो युग संध्या समय है ये मानव लोगों के लिए बड़ी परीक्षा का समय होगा। यह समय धर्म और अधर्म की परीक्षा का होगा, इस कारण प्रत्येक घर में हर बच्चे, बुजुर्ग, नौजवान, पिता-माता और सभी लोगों को श्रीमद् भागवत महापुराण,त्रिकाल संध्या और माधव नाम भजन करना चाहिए।

श्रीमद् भागवत महापुराण सत्ययुग के लिए सबसे बड़ा ग्रंथ है। मालिका शास्त्र के अनुसार ऐसा समय आयेगा प्रत्येक घर में श्रीमद् भागवत महापुराण पढ़ा जाएगा।

अगर आप भागवत कथा की निःशुल्क सेवा लेना चाहते हैं तो हम पूरे भारत तथा विश्व में भागवत कथा की निःशुल्क सेवा देते हैं।

लेकिन मेरा आपसे यही निवेदन है इस समय, हर घर में, हर किसी के लिए, श्रीमद् भागवत महापुराण बहुत जरूरी है।

जय जगन्नाथ

1. सुधर्म महा-महा संघ से जुड़ने हेतु,

2. परम पूज्य पंडित श्री काशीनाथ मिश्र जी से गूगल मीट(Google Meet) पर संवाद स्थापित करने के लिए,

3. अथवा निःशुल्क श्रीमद्भागवत कथा आयोजन एवं जगन्नाथ संस्कृति के मूल तत्व भविष्य मालिका की जानकारी हेतु हमसे संपर्क करें।

भविष्य मलिका भाग-३ की जानकारी के लिए हमारी वेबसाइट भविष्य मलिका पर जाएं या नीचे दिए गए नंबर पर संपर्क करें:

9923 07 17 27

9320000020